违规处罚对企业并购的影响研究

邓秀媛 —————— 著

The Effects of Punishment for Violation on

CORPORATE MERGERS

and Acquisitions

中国财经出版传媒集团

经济科学出版社
Economic Science Press

前　言

　　上市公司违规事件频发，不仅损害了以投资者为代表的利益相关者权益，阻碍了我国证券市场的健康发展，还影响到社会信用体系的建立健全。为了有效约束公司违规行为、营造公平有序的市场环境，监管机构不断加强监管力度。而因各类违规问题受到处罚的企业也在不断增多，成为一个规模庞大的特殊群体。这些受到违规处罚的企业不仅面临可能的法律制裁和诉讼，更重要的是在信息化环境下，监管机构公开发布的违规公告传播速度快、影响范围广，会对企业的声誉资本造成严重损失。众多利益相关者可能撤回对公司的支持及资源，造成公司价值下降的同时，也会影响到企业的筹资、投资等各类财务活动的开展。

　　在违规处罚对企业财务活动的影响中，对筹资活动的影响已形成大量研究成果，然而现有文献对违规处罚后企业投资活动的调整缺乏足够的关注。本书以企业核心投资活动之一———并购活动为研究对象，探讨违规处罚对企业并购的影响，具有一定的理论价值和现实意义。

　　本书在中国市场"新兴 + 转型"的背景下，首先基于"声誉损失—声誉修复"的理论视角，以 2008 ~ 2017 年我国 A 股上市公司为样本，对违规处罚与企业并购倾向的关系进行了理论分析与实证检验；其次从利益相关者的角度检验了违规企业发起并购的声誉修复机制；最后研究了违规企业的并购对企业绩效的影响。本书主要得出以下研究结论。

　　第一，违规处罚对企业并购倾向的影响。研究发现：在我国，违规企业会更倾向于发起并购，并且其并购频率更高，并购规模更大。进一步研究发现：不同程度和类型的违规处罚事件对企业的声誉修复行为会带来不同的影响，严重违规以及信息披露违规对企业并购倾向的正向影响更为显著。另外，违规处罚对企业并购行为的影响具有长期效应。本书结合理论分析和经济转型期的现实情境，致力于分析企业在被违规处罚后积极发起并购活动的声誉修复动机，发掘企业应对监管处罚的中国逻辑。

第二，违规企业发起的并购修复声誉的机制。研究发现：相对于违规后未并购的企业，违规后发起并购的企业权益融资成本更低，表明在资本市场上，违规企业的并购能够缓和企业与关键的资本提供者——股东的关系；违规后发起并购的企业来自供应商的商业信用额度更高，以及对客户的销售收入更高，表明在产品市场上，违规企业的并购能够缓和企业与供应链上下游的关键利益相关者——供应商和客户的关系。进一步研究发现：在资本市场上，违规企业发起并购在提升企业融资规模方面也能够起到积极的作用；在产品市场上，违规造成的声誉损失及后续并购带来的声誉修复在规模较小的供应商和客户方面表现得更为明显。本书认为，违规企业的并购活动能够通过缓和与关键利益相关者的关系，或者说，减弱企业在面临声誉损失时，遭受关键利益相关者惩罚或制裁的程度，进而起到一定的声誉修复作用。

第三，违规企业的并购绩效。研究结果表明：相对于违规后未并购的企业，违规后实施并购的企业当年总资产收益率和净资产收益率均更高，说明违规企业的并购行为能够带来较好的短期绩效；（2）从并购类型来看，横向并购对提升违规企业的短期绩效会产生更显著的影响。进一步分析指出：由于企业资源的有限性，违规企业并购投资的增加会在一定程度上挤占其他类型的投资活动，尤其是会导致研发投入规模的下降；违规企业并购后三年的绩效出现"反转"，企业的长期绩效相对较差。

本书的研究结论说明我国上市公司在受到违规处罚后，会被动地接受来自各利益相关方的负面评价或消极反应，也有部分公司会主动采取措施，如通过调整并购决策的方式进行应对，以挽回利益相关者的信任，并保障公司正常经营和未来发展所需要的资源。而这样的行为能够在短期内达到一定的效果，并有利于在短期内提升企业绩效，但长期绩效并不理想。相较于以往研究，本书的主要创新与贡献可归纳为以下几点。

第一，本书关注到我国企业在受到违规处罚后会更倾向于发起并购的

违规处罚——对企业并购的影响研究

特殊现象，并深入探讨了这种现象产生的现实情境、理论解释、作用机制及其对企业绩效的影响，深化了对企业行为的认识。从违规处罚对企业财务活动的影响来看，大量文献关注到违规后的融资活动，而对投资活动的变化缺乏足够的重视，少量研究涉及违规后企业投资的分析，也是以融资作为中介，认为违规造成企业融资受限，投资也因此缩减。现有文献较少直接和系统地以违规处罚与企业投资为对象进行研究，也忽略了作为决策执行者的企业在面对处罚产生的声誉冲击时，在投资方面的主动调整。本书探讨了违规处罚对企业核心的并购投资所产生的影响，拓展了以往文献的分析视角。

第二，本书研究了在违规处罚情境下企业更倾向于实施并购的内在动机，为并购动机理论的研究增加了新的经验证据。传统的并购动机研究所提出的如追求协同效应、管理者过度自信等动机从企业及其高管的角度进行分析，而近期的文献愈加关注外部环境因素对企业并购的影响。研究发现，金融危机、并购潮、国家体制环境、行业管制、政治晋升机会、各类评选活动等环境因素都会引发企业并购决策的调整。本书基于中国资本市场的现状，研究了企业在受到违规处罚背景下的并购决策，从声誉修复的角度出发，提供了一种新的视角去理解和评估并购背后的行为逻辑与决策机制，并对相关文献进行了拓展和延伸。

第三，本书研究提出，当企业在面临违规处罚所造成的声誉损失危机时，会采用调整并购行为的方法以应对和补救的新观点，丰富了声誉修复领域的研究内容。企业如何修复受损的声誉是现有声誉研究中重要的未解决的问题。相关文献认为，企业会通过改善公司治理、变更高管、更换审计师、增加慈善捐赠、自愿发布社会责任报告，以及采取企业更名等内部和外部行动积极反应，以缓解违规处罚所产生的负面声誉冲击。研究指出，发起并购是企业重要的声誉修复方式之一，在违规处罚情境下实施的并购有利于挽回资本市场和产品市场上关键利益相关者的信任，减弱声誉损失的负面影响，丰富了相关的文献研究。

第四，本书的结论具有一定的现实贡献。从监管机构角度来看，本书的结论提示监管机构需要就违规处罚后企业的应对措施进行合理预期并有针对性地引导与监督。我国证券市场上监管趋严主要体现在两个方面：一是违规处罚案件的数量持续增加；二是违规处罚会带来更为严重的经济后果。然而随之而来的是受到处罚的违规公司越来越多，成为一个特殊而庞大的群体类型，并且这些违规公司会采取措施以应对处罚的负面影响。因此，监管机构在通过增加企业违规成本的方式降低违规概率的同时，也应该对企业受到处罚后的行为决策给予一定关注，以避免监管处罚的治理作用被弱化或扭曲。从企业角度来看，本书探讨的问题帮助企业理解和选择违规处罚的应对措施。当企业面对违规处罚所造成的声誉损失时，应对措施的重点应当落在内部改进还是外部形象塑造，或是如何协调两种不同方向的行动，才能有针对性地改善和解决企业存在的问题和缺陷，从根源上防止违规行为的再次发生，对于缓解违规处罚的负面效应具有实践指导意义；从投资者角度来看，本书研究结论也提醒资本市场投资者和其他利益相关者对企业在违规后的应对策略应有深刻的理解，帮助其甄别企业行为的真实价值。

违规处罚

对企业并购的影响研究

目 录
CONTENTS

违
规
处
罚

——
对企业并购的影响研究

第一章
CHAPTER 1

导　论

第一节　研究背景与研究意义

一、研究背景

近年来，上市公司违规事件频繁出现。2019 年我国证券市场上最热门的话题之一就是"双康"财务造假案——康美药业和康得新两家公司在短期内先后曝出巨额资金问题，涉及金额高达 450 亿元，受到社会的广泛关注。"双康"因涉嫌违法违规被证监会立案调查后，康得新公司的创始人被捕，公司受到行政处罚及证券市场禁入，卷入退市漩涡；而康美药业被"特别处理"（special treatment，ST），同时面临以股东为代表发起的多起诉讼索赔。上市公司违规行为严重损害了以股东为代表的利益相关者权益，不仅阻碍我国证券市场的进一步健康发展，还影响到社会信用体系的建立健全。党的十九大部署的完善市场监管体制，把加强和改善市场监管、营造公平有序的市场环境当作建立现代化经济体系的重要任务。针对企业的违法违规行为，证监会和证交所可以依据相关法律法规和国务院的授权，对公司立案调查并向证券市场公开发布违规处罚公告。监管机构把揭示违规行为当作重要的惩罚手段，也期望帮助利益相关者识别风险并作出适当的决策，随着信息技术的不断进步，企业披露的违规信息都能够通过众多正式和非正式的渠道传播，其影响深度和广度超越以往。

对于企业来说，违规处罚的经济后果不仅意味着可能的法律制裁和诉讼风险，更重要的是在信息化环境下，公开发布的违规公告传播速度快，影响范围广，对于公司的声誉资本会造成严重损失（逯东等，2017；Karpoff et al.，2008；Murphy et al.，2009）。声誉是企业极为重要的（账外）无形资产，代表了利益相关者对企业意图和履行承诺能力的集体期望（Chakravarthy et al.，2014）。当企业违规①之后，利益相关者对公司的意图和履行承诺能力的不确定性增加，以及对公司的期望降低，此时与声誉相关的损失就会发生。顾客、供应商、投资方和债权人等对于企业价值创造产生关键作用的利益相关者可能撤回其对公司的支持及资源（辛清泉等，2019；Elsbach，2003；Karpoff et al.，2008），对公司价值产生严重影响。

在受到监管处罚后，违规公司不仅会被动地受到声誉损失带来的负面影响，也会主动地采取各种声誉修复措施进行应对，以挽回利益相关者的信任，从而保障企业正常经营和未来发展。这些声誉修复措施包括有针对性的对于违法违规行为的整改，如重建组织的技术、人力、基础设施等方面（Pearson and Mitroff，1993），改善公司治理（Chakravarthy et al.，2014；Marciukaityte et al.，2006）等，也包括采取一些其他非违规相关的公司行为进行应对，如企业更名、慈善捐赠和实施其他社会责任行为等（李晓玲等，2017；谢红军等，2017；Koehn and Ueng，2010；Xia et al.，2019）。已有文献发现，处于"新兴 + 转型"阶段的中国市场，企业在选择声誉修复方式时注重公开性，更多选择通过各种新闻和公告的形式进行披露的方式，如增加慈善捐赠（李晓玲等，2017；Xia et al.，2019）、自

---

① 企业违规与违规处罚两个概念在本质上有一定差异，企业违规是在企业层面的行为，而违规处罚则代表监管层面对企业违规行为所采取的处罚措施。但由于企业违规在概念上具有主观性及现状具有不可观测性，众多违规领域的研究（瞿旭等，2012；权小锋等；2016；Karpoff et al.，2017）往往将企业违规定义为因违规问题被各类监管机构公开处罚的行为。本书也沿用这样的定义方法，在下面并不特别区分违规处罚与企业违规两个概念。

愿发布社会责任报告（车笑竹和苏勇，2018）、企业更名（谢红军等，2017）等，通过这些措施影响投资者和社会公众对企业的感知，帮助塑造新的企业形象，进而淡化负面信息的不良后果。

然而，也有学者（Shu and Wong，2018）认为声誉修复具有路径依赖，即以往负面事件对组织行为可能产生"印记效应"。如果企业受到违规处罚之后立即表现出超越社会期望和规范的良好行为，如慈善捐赠，利益相关者会经历认知失调，进而产生怀疑的态度。在最坏的情况下，利益相关者可能不信任捐赠者的真实动机，并将这种良好行为解读为一种不真诚的表现。车笑竹和苏勇（2018）发现，企业在违规后发布社会责任报告是迎合公众喜好的逢迎和应急策略，公众有理由对该社会责任报告的可信度和披露动机产生疑虑。

越来越多的学者发现，企业并购是影响声誉的方式之一。金等（Kim et al.，2011）和海勒波连等（Haleblian et al.，2017）的研究都认为并购能够满足利益相关者对企业发展的期望，起到维护企业声誉的作用。顾小龙等（2017）基于研究发现，我国公司在受到违规处罚后会过度投资，期望通过这样的方式对冲和弥补监管处罚造成的负面冲击并修复受损声誉。

相比于采用慈善捐赠等社会责任行为进行声誉修复，企业并购需按照中国证监会发布的并购重组信息披露规则①，首先，通过发布临时公告的形式披露并购交易信息，能够更为快捷地与利益相关者交流与沟通；其次，并购是一种专注于公司业务的长期战略投资活动，由于其成本相对较高，能够更为有力地体现公司实力及声誉修复的可信度；最后，并购需涉及多方的利益相关者，并购过程是企业积极深入地与多方利益相关者展开沟通对话和建立实质关系的渠道，有利于扩大声誉修复的范围。

基于以上背景，本书以违规处罚对企业核心投资活动之一——并购活动为研究对象，从"声誉损失—声誉修复"的理论视角出发，研究了违规处罚对于企业并购的影响及其内在机理，具有一定的现实基础和研究

---

① 《公开发行证券的公司信息披露内容与格式准则第 26 号——上市公司重大资产重组（2014 年修订）》。

必要性。

二、研究意义

（一）理论意义

首先，关于从违规处罚给企业带来的影响方面来看，已有文献重点探讨了违规造成的声誉损失所带来的一系列负面效应（冯延超和梁莱歆，2010；刘星和陈西婵，2017；辛清泉等，2019；张学勇和张秋月，2018；Armoure et al.，2017；Graham et al.，2008），而关于企业在违规后如何应对的研究相对较少。本书从企业被动受到声誉损失的视角转移到主动修复声誉的视角，以并购投资的调整为切入点探讨了我国上市公司面对声誉价值负面冲击时的主动反应，对相关文献进行了有益的补充。

其次，在传统并购动机理论，如追求协同效应、管理者过度自信等动机的基础上，近期的文献提出了如政治关联和获取政府补助（步丹璐和狄灵瑜，2017；汪炜和陆帅，2015）、增加社会认可和地位（Shi et al.，2017）、满足利益相关者期望（Haleblian et al.，2017）等多种动机，用以解释持续增长的并购活动。本书研究了我国企业在受到违规处罚背景下的并购投资决策，从声誉修复的角度解释企业并购动机，对相关文献进行了拓展和延伸。

最后，在企业危机管理领域，如何应对已经发生的危机是极为重要的一个环节。已有文献认为，危机中的声誉损失难以避免，而危机应对的关键在于减少利益相关者负面情绪的唤起程度，降低不利行为发生的可能性，从而实现修复组织声誉的目标（Claeys et al.，2010；Dimo et al.，2007）。本书关注到在资本市场上受到广泛关注的并购活动，研究了企业并购在危机后的声誉修复作用，有助于深化在我国背景下对企业危机管理和声誉修复的行为方式的理解和认识。

（二）现实意义

完善市场监管和执法体制是建设现代化经济体系的重要环节。政府如

违规处罚——对企业并购的影响研究

何在尊重市场规律的基础上引导和规范市场行为，营造诚信经营、公平竞争的市场环境，不仅需要加强对企业违法违规行为的监管和处罚，也需要全面评估监管处罚的经济后果。当违规处罚产生更为严重的负面效应，一方面证实了监管机构并不是"纸老虎"；另一方面也引发违规企业①采取更多措施以应对处罚所带来的影响。本书的研究结论提示监管机构和投资者，当企业声誉的重要性日益凸显，违规企业如何对受损的声誉进行修复应该得到更多重视，以避免监管处罚的治理作用被弱化或扭曲。

第二节　研究思路与研究方法

一、研究思路

本书运用理论分析与实证研究相结合的方法考查违规处罚对企业并购的影响及其经济后果。研究思路如下：首先介绍与本书相关的理论基础与文献综述，以及相关制度背景；其次进行本书的实证研究；最后得出研究结论。

在理论分析方面，本书主要基于利益相关者理论、资源基础理论，以及信号传递理论等，对国内外有关违规处罚和企业并购的文献进行全面系统地梳理，掌握现有研究的发展脉络与前沿趋势。通过文献梳理和现实分析得出本书研究的主要问题，并从理论出发探索研究问题的重点和方向，寻找研究问题的突破口。

实证研究方面分以下三步进行。

首先，本书以我国上市公司为样本对违规处罚与企业并购倾向的关系进行了理论分析与实证检验，结果发现受到违规处罚的企业会更倾向于发起并购，并且其并购频率更高，并购规模也更大。本书提出企业在因违规处罚产生声誉损失的情境下，会出于声誉修复的动机发起并购活动。

其次，本书从利益相关者的角度，对违规处罚企业实施并购的声誉修

---

① 本书所称违规企业为因违规行为而受到监管机构公开处罚的企业。

复动机进行了机制检验。本书关注到对企业经营和发展产生重要影响的关键利益相关者——股东、债权人、供应商和客户，实证检验了这些关键利益相关者对于企业违规处罚信息的反应，验证了违规带来的声誉损失；进一步地，把研究重点放在违规企业实施并购能否对企业与关键利益相关者的关系产生积极影响，验证了并购行为通过资本市场和产品市场两个不同渠道能够产生一定的声誉修复效果。

最后，本书在企业受到违规处罚的特殊情境下，研究了违规企业实施并购对企业绩效的影响。从揭示现象、理论分析和机制检验拓展到对企业绩效的检验，发现违规企业实施并购有利于提升企业短期绩效，从结果角度验证了违规企业发起并购在修复声誉方面的有效性。同时发现，发生在同一行业之间的横向并购能够产生更好的绩效。但从整体投资方面，并购投资的增加可能会影响其他类型的投资。

本书构建的研究思路如图 1 - 1 所示。

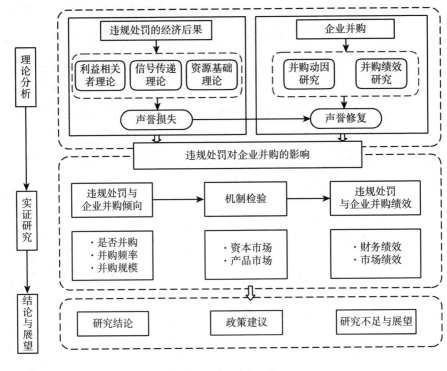

图 1 - 1　研究思路

二、研究方法

本书采用理论分析与实证研究相结合的方法对违规处罚与企业并购行为的关系进行了检验。在理论分析方面，使用定性分析的方法对本书所基于的理论，如利益相关者理论和资源基础理论等进行了回顾，对违规处罚、企业并购行为等相关文献研究进行了梳理和总结，以此为基础，运用归纳与演绎等方法对本书的关键研究问题进行剖析，并提出合理的研究假设。在实证研究方面，使用定量分析的方法，运用统计软件对数据进行多角度分析，如描述性统计分析、相关性分析、单变量比较分析以及多元回归分析等。在多元回归分析中，主要采用普通最小二乘法（ordinary least suqares，OLS）模型和逻辑回归（logistic regression）进行检验，并采用倾向得分匹配法（propersity score matching，PSM）、双重差分法（DID）等方法对模型的内生性问题进行处理，以保证研究结论具有稳健性。最后，使用定性研究方法中的归纳、分析及综合等得出研究结论与政策建议。

第三节　本书的结构

全书共分七章，具体内容如下。

第一章，导论。主要介绍本书的研究背景、研究意义，并提出主要研究问题。进一步说明研究思路、研究内容和研究方法，并指出研究创新与贡献。

第二章，理论基础与文献综述。结合本书的研究问题，本章理论基础部分首先对违规处罚、声誉及声誉修复、企业并购等重要概念进行界定，并对研究所涉及的理论，如利益相关者理论、资源基础理论、危机管理理论和信号传递理论等进行回顾和阐述，对国内外有关违规处罚和企业并购的文献进行全面系统地梳理。在此过程中，本章旨在掌握现有研究的发展脉络与前沿趋势，在对理论文献进行评述的基础上，发现已有研究中可能存在的不足以及尚未涉及的薄弱或空白领域，以期研究能够在一定程度上弥补相关领域的理论空白，发掘其理论与现实意义。

第三章，上市公司监管制度背景与违规处罚现状分析。政府各类监管机构对上市公司的监管是维护资本市场秩序不可缺少的一个环节。上市公司监管与违规之间具有极为紧密的关系：一方面，监管措施的强度会影响到违规处罚的上市公司数量；另一方面，监管信息的公开程度也关系到违规处罚的影响力，是否对上市公司造成更大范围的声誉损失。因此，了解上市公司违规的监管制度背景对本研究大有裨益。在了解相关制度背景的基础上，对我国上市公司违规处罚的现状进行分析，分别从违规企业的总体现状、年度分布、行业分布、产权性质分布及其违规程度、违规类型特征等进行分析，掌握我国企业违规处罚的真实状况，为后续实证研究做铺垫。

第四章，违规处罚与企业并购倾向。本章在中国市场"新兴＋转型"背景下，基于"声誉损失—声誉修复"的理论视角，以我国上市公司为样本，对于违规处罚与企业并购倾向的关系进行实证检验。研究发现，我国上市公司受到违规处罚后会更倾向于发起并购，通过这样的方式应对处罚的负面影响，挽回利益相关者信任并声誉修复。本章的进一步研究还发现这样的声誉修复行为具有持续性，并且不同程度和类型的违规对于企业的声誉修复行为会带来不同的影响。

第五章，违规处罚、企业并购与声誉修复——基于利益相关者视角的机制检验。企业声誉资本的形成与利益相关者的支持紧密联系在一起，本章从利益相关者视角检验违规处罚对企业并购影响的"声誉损失—声誉修复"路径。本章以对企业声誉产生重要影响的关键利益相关者——股东、债权人、供应商和客户为研究对象，其中，股东和债权人代表了资本市场上的利益相关者，而供应商和客户代表了产品市场上的利益相关者。在声誉损失部分，发现关键利益相关者在企业违规处罚后，会采取撤回支持和资源的方式进行反应。进一步，重点研究违规企业通过实施并购是否能够改善企业与关键利益相关者的关系，或者说，减弱企业在面临声誉损失时遭受关键利益相关者惩罚/制裁的程度。实证研究证明，违规企业实施并

违
规
处
罚

对企业并购的影响研究

购能够在资本市场和产品市场方面取得较好的声誉修复效果。进一步分析发现，声誉损失及后续并购带来的声誉修复在规模较小的供应商和客户方面表现得更为明显。

第六章，违规处罚与企业并购绩效。并购作为一种投资活动是否真正有效，最终目标应该是以可量化的业绩水平来衡量。因此，本章从揭示现象、理论分析和机制检验拓展到对企业绩效的检验，深入分析违规处罚后，企业实施并购对企业绩效的影响。实证研究发现，相对于违规后未实施并购的企业，违规后实施并购的企业能够取得较好的短期绩效。从并购特征方面，横向并购对违规企业短期绩效能够产生更为显著的正向影响。进一步分析，不仅从市场绩效方面对违规企业发起的并购进行考察，也在违规处罚这个特殊情境下，把视角从并购投资拓展到企业整体投资，深入分析违规企业在内外部资本投入方面的调整。

第七章，研究结论、建议与不足。对研究内容和研究结论进行总结，指出全书的不足之处，并对今后深化研究以及可能的研究方向进行了展望；根据研究结果提出相关的政策建议。

第四节　研究创新与贡献

违规处罚是资本市场监管效力的重要体现，也得到理论界和实务界的共同关注。本书致力于分析企业在被违规处罚后积极发起并购活动的声誉修复动机，发掘企业应对监管处罚的中国逻辑。相较于已有研究，本书的创新与贡献可归纳为以下几点。

第一，本书关注到我国企业在受到违规处罚后会更倾向于发起并购的特殊现象，并深入探讨了这种现象产生的现实情境、理论解释、作用机制及其对企业绩效的影响，深化了对企业行为的认识。从企业违规对财务活动的影响来看，大量文献关注到违规后融资活动的变化，普遍认同违规处罚产生的声誉损失会造成企业融资成本上升、融资规模下降等（刘星和陈西婵，2018；叶康涛等，2010；Chava et al.，2010；Chen et al.，2013；

Liebman and Milhaupt，2008），而对违规后投资活动的调整缺乏足够的关注。少量研究涉及违规后投资的分析，也是以融资作为中介，认为违规造成企业融资受限，投资也因此缩减（Autore et al.，2014；Yuan and Zhang，2016）。现有文献较少直接和系统的以违规处罚与企业投资为对象进行研究，也忽略了作为决策执行者的企业在面临违规处罚所造成的声誉损失时，在投资方面的主动调整。本书以企业核心且极具影响力的投资活动之一——并购为研究对象，探讨了违规处罚对于企业并购行为所产生的影响，拓展了以往理论文献的分析视角。

第二，本书通过理论分析和实证检验的方法研究了在违规处罚情境下企业更倾向于实施并购的内在动机，为并购动机理论的研究增加了新的经验证据。传统的并购动机理论研究所提出的如追求协同效应、管理者过度自信等动机从企业及其高管的角度展开分析，而近期的文献愈加关注外部环境因素对企业实施并购的影响。研究发现，金融危机（Wan and Yiu，2009）、并购潮（Haleblian et al.，2009；Maksimovic et al.，2013）、国家体制环境（Meyer et al.，2009）、行业管制（Cornaggia et al.，2015）、各类评选活动（Haleblian et al.，2017；Shi et al.，2017）等环境因素都会引发企业并购决策的调整。基于中国资本市场的现状，本书研究了企业在受到违规处罚背景下的并购决策，从声誉修复的角度出发，提供了一种新的行为视角去理解和评估并购动机。进一步地，由于声誉建立与利益相关者的支持密切相关（Petkova et al.，2014），通过违规企业实施并购在缓解利益相关者关系方面产生的积极作用验证了并购的声誉修复机制及最终效果，对相关文献进行了拓展和延伸。

第三，本书的研究提出当企业面临违规处罚所造成的声誉损失危机时，会采用调整并购行为的方法以应对和补救的新观点，丰富了声誉修复领域的研究内容。企业如何修复受损的声誉是现有声誉研究中重要的未解决问题（Karpoff，2012）。在企业受到违规处罚的情境下，修复声誉的手段包括改善公司治理（Marciukaityte et al.，2006）、变更高管（Chakravarthy et al.，2014；Faber，2005）、更换审计师（Wilson，2008）、增加慈善捐赠（李晓玲等，2017；Xia et al.，2019）、自愿发布社会责任报告（车笑

违规处罚

——对企业并购的影响研究

竹和苏勇，2018），以及采取企业更名（谢红军等，2017）等内部和外部的行动方式。本书研究指出，实施并购是违规企业修复声誉的重要方式之一。违规企业的并购行为有利于挽回资本市场和产品市场上关键利益相关者的信任，在减弱声誉损失的负面影响或者重新取得利益相关者的支持方面具有一定效果，为相关的文献研究增添新的经验证据。

第四，本书的研究结论具有一定的现实贡献。首先，从监管机构角度来看，本书的结论提示监管机构需要就企业违规后的应对措施合理预期并有针对性地引导与监督，为监管机构制定政策提供了依据。我国证券市场上监管趋严主要体现在两个方面：一是违规处罚案件的数量持续增加；二是违规处罚会带来更为严重的经济后果。然而随之而来的现象是，受到处罚的违规公司越来越多，成为一个特殊而庞大的群体类型，并且这些违规公司会采取措施以应对处罚的负面影响。因此，监管机构在通过增加企业违规成本的方式降低违规概率之外，也应该对企业在受到处罚后的行为决策给予一定关注，以避免监管处罚的治理作用被扭曲或弱化。其次，从企业角度来看，本书探讨的问题有利于帮助企业理解和选择违规处罚的应对措施。上市公司采取措施与利益相关者"重新融入"，这说明了企业对于声誉的重视程度逐渐增强，也更说明作为非常重要的非正式制度——声誉机制，在我国资本市场发挥了日益重要的作用。企业声誉的建立和修复都是长期的过程，面对违规所造成的声誉损失时，企业应对措施的重点应当落在内部改进还是外部形象塑造，以及如何协调两种不同方向的行动，才能"对症下药"，有针对性地解决和改善自身的问题和缺陷，从根源上防止违规行为的再次发生，该问题的分析对缓解违规处罚的负面效应具有实践指导意义。最后，从投资者角度来看，本书的研究结论也提醒资本市场投资者和其他利益相关者对企业在违规后的应对策略应有深刻的理解，帮助其甄别企业行为的真实价值。

第二章

理论基础与文献综述

第一节　理论基础

一、相关概念界定

（一）违规处罚

为维护证券市场秩序并保护投资者权益，以中国证券监督管理委员会为主的监管部门依据法律法规设定监管框架，监督市场主体诚信履约。当上市公司出现违反规定的不当行为，监管部门可以对其立案调查，并采取行政处罚手段以保障监管的有效性。本书以上市公司为主体进行研究，将违规处罚定义为上市公司因违规问题被各类监管机构公开处罚的情况。

与违规处罚相类似的另一个概念是企业违规。这两个概念在本质上具有差异：违规是企业层面的行为，按照美国反虚假财务报告委员会下属的发起人委员会（The Committee of Sponsoring Organizations of The National Commission of Fraudulent Financial Reporting, COSO）和注册舞弊审查师协会（Association of Certified Fraud Examiners, ACF）在《违规风险管理指南》（2016 年）指出：违规是旨在欺骗他人的任何故意行为或疏忽，导致受害人遭受损失和/或犯罪者获得利益；陆瑶等（2012）认为公司违规即法人成员为法人利益或法人自身的犯罪，或者严重违反公司法应当承担刑事责任的危害行为。而违规处罚代表着监管层面对于企业违规行为所采取的处罚措施。然而，从研究的角度来看，违规的定义包含较多主观因素，缺少研究中所需要的实际、客观和可复制的方法。因此，众多违规领域的文献往往以那些被监管机构披露出违规问题而受处罚的企业为研究对象①。如瞿旭等（2012）使用被上海和深圳两个证券交易所宣告会计违规的企业作为研究样本，胡奕明等（2002）通过对中国证监会发布的所有处罚公告的统计，分析证券市场存在的各类违规现象。权小锋等（2016）选择那些已查处的违规案件，卡尔波夫等（Karpoff et al.，2017）使用违反美国1933 和 1934 法案规定的欺诈指控案件为样本，袁和张（Yuan and Zhang，2016）使用联邦证券集体诉讼来构建公司违规被揭露的公司样本。从已有文献来看，并未特别区分违规处罚与企业违规两个概念。

（二）企业并购

并购是兼并（mergers）和收购（acquisitions）两个概念的统称。其中，兼并又被称为吸收合并，是指两家或多家独立企业合并组成一家企业，比较常见的形式是以一家占优势的企业吸收其他企业的形式存续。收购是指一家企业以一定的对价（包括现金或有价证券等方式）购买另一家企业的股票或资产，以获得该企业资产的所有权或者控制权。兼并和收购结合在一起称为并购（mergers and acquisitions，M&As）。现有文献对于并购的普遍理解并不会特意区分兼并与收购的差异，在对于并购的某些研究中还把接管、重组等内容也考虑在内。

企业并购的实质是各权利主体依据企业产权的制度安排而进行的企业

---

① 阿米拉姆（Amiram et al.，2018）的研究提出企业违规中有两类识别错误：第一类识别错误是指披露违规但是实际没有违规的情况；第二类识别错误存在违规但是没有披露违规的情况。以那些被监管机构披露出违规问题而受处罚的企业为研究对象具有的优势是，因为监管机构披露的违规必然要经过缜密调查和取证，发生第一类识别错误的可能性相对较小。

权利让渡过程。在并购过程中，某一权利主体（出售方或目标方）通过出让其拥有的对企业的所有权或控制权来获取受益，而另一权利主体（主并方）则通过支付相应的对价来获得这部分权利。转让的标的物为目标企业的控制权或某项资产。因此，企业并购的过程实质上是企业权利主体不断变换的过程。

企业并购可以分为多种类型。按照并购标的性质的不同可分为资产并购和股权并购。其中，资产并购是指主并企业购买目标企业部分或者全部资产的经济行为，其标的为资产；股权并购是指主并企业直接或者间接购买目标企业部分或全部股票，并根据持股比例与其他股东共同分享目标企业的所有权与承担其义务的经济行为，其标的为股权。按照并购方与目标方所处的行业关联性不同可分为横向并购、纵向并购和混合并购三种。其中，横向并购又称水平并购，是发生在生产或经营相同或相似产品的企业之间的并购行为；纵向并购是发生在同一行业的上下游企业之间的并购行为；混合并购又称多元化并购，是发生在不同行业的企业之间的并购行为。按照主并企业对目标企业并购的态度不同可分为善意并购和敌意并购。按照是否通过证券交易所公开交易，可分为要约并购和协议并购等。

（三）声誉及声誉修复

对于企业声誉的概念界定，学者们从各自的研究领域，结合自身的研究问题进行了表述。从新制度经济学的角度，威廉姆森（Williamson，1971）提出声誉是一种专用性投资和对自身产品质量的承诺与担保，具有专用资产的特征。信息经济学的研究认为声誉是向消费者发出的信号，市场用企业的声誉来甄别产品的质量，也会为产品的高溢价，即声誉的投资成本支付相应的对价。契约理论把声誉看作是当公司的交易对手相信公司将坚持其显性和隐含的合同，并且不会对其交易对手造成损害时产生的净现金流改善和资本成本降低的现值。从资源基础观的角度来看，声誉是一种有价值的（账外）无形资产，有助于公司的竞争优势和业绩提升（Barney，1991）。佛姆布兰（Fombrun，1996）的研究是把声誉与利益相关者联系在一起，将声誉定义为企业的过去行为和将来展望对于其所有利益相关者的整体吸引力。这样的联系在之后的研究中被较多的文献使用，如林多瓦等（Rindova et al. , 2005）定义声誉为利益相关者认为企业能够通过提供比竞争对手更大的价值来满足其需求的程度。佩特科瓦等（Petkova et al. , 2014）也将声誉描述为对一家公司在显著维度上持续向特定利益相关者提供高价值的能力。

虽然声誉在经济理论中的重要意义得到普遍认可，但是关于声誉领域的实证研究面临的一个重要挑战是很难衡量一家公司的声誉资本。而违规行为在研究中能够通过分析破坏声誉资本和公司价值的反面案例来解决衡量问题。当公司或管理层违规、欺诈和偷窃时，其声誉资本发生变化，声誉损失产生。虽然这种方法不能直接衡量一家公司的声誉资本，但它允许研究者推断声誉是否、在哪里以及在多大程度上起作用以履行显性和隐性的合同（Amiram et al. , 2018）。

如果把企业声誉看作一种资产，企业就可以对这种资产进行投资。已有文献虽然注意到当企业因各类违规问题产生声誉损失后，声誉修复行为就会产生和增加，但是对于声誉修复的定义较为模糊。声誉修复也被称为声誉重建，查克拉法思等（Chakravarthy et al. , 2014）认为声誉修复是违规公司采取的缓解利益相关者对公司履行承诺的不确定性的行动。菲尔等（Pfarrer et al. , 2008）指出公司在不当行为发生后与利益相关者"重新融入"的过程是一种声誉重建。晁罡等（2015）认为声誉修复是在问题发生后，企业声誉变化的过程。综合来看，本书认为声誉修复至少应该包含以下三个要素：第一，企业声誉由于负面事件发生变化；第二，企业主动采取措施进行应对；第三，这些措施主要针对利益相关者，企业希望使用这些措施产生修复利益相关者关系的作用并对声誉产生正面的影响。

二、利益相关者理论

利益相关者是能够影响一个组织目标的实现，或者受到一个组织实现其目标过程影响的所有个体和群体。这个定义来自弗里曼（Freeman，1984）的《战略管理：一个利益相关者方法》，该书的出版也标志着利益相关者理论的正式形成。利益相关者理论把投资者、债权人、消费者、雇员、社区、监管机构、供应商、政府和媒体（Elsbach，2003；Freeman，1984）等实体纳入其研究范畴，从组织和环境之间的交互影响探讨企业同利益相关者之间相互依赖及不可分割的关系。

利益相关者理论认为，企业自身的价值创造来源于为利益相关者创造价值，从而获得一定的经济效益和社会效益，实现可持续发展。对于利益相关者来说，他们承受企业行为的影响，也会根据他们的现状和预期对企业行为及其影响进行评估，并根据这个评估结果进行合理的反应和行动。随着市场关系的变化，企业与利益相关者之间的依赖关系的重要性逐渐凸显，利益相关者追求更大的话语权，也越来越重视对自身利益的保护。企业在经营决策中对于考虑利益相关者的利益考虑成为学术界的一个重要研究领域，相关研究探讨利益相关者如何参与公司治理、影响公司的投资方向与权重（O'Sullivan，2000），甚至是公司的高层任免和战略决策（赵晶和王明，2016）。

三、资源基础理论

资源基础理论将企业内部的资源作为关注重点和基本分析单位，认为企业的本质是资源集合体。资源基础理论通过对企业所拥有的各种异质性资源的分析与运用，来构建企业的可持续竞争优势，以及提升企业绩效（Wernerfelt，1984）。企业资源基础理论建立在两个假设的基础之上：第一，企业拥有的资源具有异质性；第二，企业内部资源具有不完全流动性。巴尼（Barney，1991；2002）的研究初步建立了企业资源基础理论的分析框架。他将整体资源划分为一般性资源和战略性资源两类，并提出战略性资源对于企业具有关键作用，而这样的资源需要具备有价值性、稀缺性、不可完全模仿性和组织性。

企业资源基础理论认为，企业的竞争优势是由企业的异质性资源，尤其是战略性资源所决定的，因此，该理论建立了一种基于企业内生性资源的竞争优势理论。

企业的资源能帮助企业消除环境中存在的威胁或者开发利用环境中的机会，有利于企业价值的提升。在这些资源中，声誉作为一种有价值的（账外）无形资产，被认为是最难创造、模仿或替代的，却是租金和利润的来源（Barney，1991）和企业整体效率的重要指标（Dollinger et al.，1997）。拥有声誉资源的公司能够得到利益相关者方的青睐，也帮助建立良好的企业之间的关系，可以在公司裁员、意外盈利或违反法律等危机事件发生时得到好处（Godfrey et al.，2009）。另外，声誉资源的损失可能带来与投资者、供应商和客户关系的破裂，会削弱企业的竞争地位，增加企业运营的不确定性。所有这些因素对未来现金流都有实际影响，并导致未来业绩的不确定性增加（Yuan and Zhang，2016）。

四、企业危机管理理论

危机管理（risk management）是人们预测危机、防范危机、处置危机，以及危机善后、秩序重构等一系列管理行为的总称（Haddow et al.，2013）。美国危机管理专家罗伯特·希斯（Robert Heath）提出了危机管理4R模式，4R代表四个首字母为R的阶段，即缩减力（reduction）、预备力（readiness）、反应力（response）、恢复力（recovery）。在这几个阶段中，缩减力和预备力具有事前减少危机情境及其攻击力和影响力的作用，而反应力和恢复力的关键在于应对已经发生的危机，以及从中恢复。

广义的危机管理主体包括处理危机的所有组织（包括政府、非营利组织和企业等）和个人，在企业管理中所使用的危机管理是一个相对狭义的概念，也可称为企业危机管理。对于企业来说，事前危机管理非常重要，但是当危机出现时，事后的危机管理更为紧迫。因此，与事后危机管理相关的研究得到深入发展，如库姆斯（Coombs，1995；2007）提出的情景危机沟通理论，艾伦和卡尤埃（Allen and Caillouet，1994）的印象管理理论，贝努瓦（Benoit，1995）的形象修复理论都侧重于解决危机爆发后的危机应对决策问题。我国学者也针对危机发生后的应对和修复展开研究（方正等，2010；徐宪平和鞠雪楠，2019；汪峰等，2013；Xia et al.，2019）。

五、信号传递理论

信号传递理论（signaling theory）由美国经济学家赛宾斯（Spence，1972）提出，他建立了劳动力市场模型，假定在这个市场上求职者比雇主掌握更多关于自己生产能力的信息，从而把求职问题看成一个典型的信息不对称问题。在市场上的求职者会向雇主发出传递其劳动能力信息（生产率）的信号，如教育水平。赛宾斯认为，即使教育对于提高个人的生产率没有作用，它仍然能够成为生产率的有用信号，因为生产率较高的人获取高水平的教育比较容易。

信号传递理论认为，在市场的交易过程中广泛存在信息不对称的情况。对于上市公司来说，公司及管理层拥有更多的关于其真实价值的信息，在正常情况下，外部投资者只能通过管理当局传递出的一系列信息来判断公司价值，而这些信息的真实性、准确性和及时性可能并不能够得到完全的保证。违规处罚公告可以被看作从一个具有权威的主体——监管机构向市场和投资者传递的信号，是站在公正的角度对上市公司违规行为所进行的一种客观认定，因此，这种信息的可靠性是媒体曝光、网络投诉、投资者质疑等手段所不具备的。市场参与者可以据此了解上市公司违规事实、违规原因及其严重程度等信息。在有效资本市场的假设下，市场能够及时对违规处罚公告进行反应，而这种反应的程度是应该与公告中上市公司违规行为的严重程度保持一致的。

第二节　文献综述

围绕关键的研究问题，即违规处罚与企业并购，本书对相关文献进行梳理和总结，以明确研究定位和突出创新贡献。首先，对企业违规处罚经济后果的相关研究进行了梳理概述，并结合企业声誉的分析，分为声誉损失和声誉修复两个部分；其次，从并购过程的角度对企业并购相关研究进行了全面地回顾，包括并购前期的动机分析，并购中期的过程分析，以及并购后期的绩效分析；最后，在理清已有研究脉络的基础上，对文献进行了总结与述评。

一、违规处罚及声誉损失的相关研究

企业违规问题备受社会公众和监管层的关注，也引起学术界的广泛讨论。相关研究以企业披露违规处罚的时间为节点，在违规处罚"事前"和"事后"两个不同的方向展开一系列的分析：从"事前"的角度，学者分析了违规的影响因素，找寻可能诱发违规机会的制度设计（曹春方等，2017；雷光勇，2004；孟庆斌等，2019；吴永明和袁春生，2007；杨清香等，2009；Bens et al.，2012；Chen et al.，2006；Chen et al.，2016；Dyck and Zingales，2010；Hass et al.，2016；Miller，2006）。从"事后"的角度，文献探讨了违规处罚给企业带来的各种经济后果。本书的研究属于违规处罚的经济后果领域。企业因违规行为受到处罚后，可能面临高昂的违规成本。从违规的影响期限不同，可以分为短期和长期的经济后果研究。短期的经济后果研究主要是通过事件研究的方法分析企业违规披露之后的市场反应，长期的经济后果研究主要是关注企业声誉损失所带来的一系列负面效应。

（一）企业违规的市场反应

短期资本市场反应方面，监管机构的惩罚传递不良声誉的坏消息，会对违规企业的股价产生明显影响，在事件窗口的超额累积收益率（CAR）显著为负，企业价值下降。如卡尔波夫等（Karpoff et al.，2008）以1978～2002年的424个被证监会处罚的公司为样本，发现法律体系对违规公司的处罚平均每个公司只有2350万美元，相比之下，市场所施加的惩罚是巨大的。企业违规后，一天的平均超额累计收益为 - 50.86%，中位数为 - 30.56%。这样的损失如果转换为以美元计算，平均的美元损失为3.85亿美元，把所有违规公司的损失加总，这个总损失则高达1613.3亿美元。

墨菲等（Murphy et al.，2009）以1982～1996年华尔街日报上公布的有关公司不当行为的指控，如反垄断、违约、贿赂、商业道德、利益冲突、版权/专利侵权、欺诈、回扣、定价、证券欺诈、白领犯罪等394个样本为研究对象，发现两天累计平均异常回报率为 - 1.4%。其中，关联方违规的回报率为 - 2.3%，而第三方犯罪的回报率为 - 0.8%。伯恩斯和科迪亚（Burns and Kedia，2006）研究了由违反美国公认会计准则（GAAP）而产生的重述样本，报告了宣告财务重述的公司3天的超额累积收益为 - 8.8%。

相对于美国样本而言，在基于我国违规样本的研究中，学者们发现违规带来的市场反应较弱。陈国进等（2005）以122个受到中国证券监督管理委员会、上海证券交易所和深圳证券交易所违法违规处罚的上市公司事件为样本，分析股票市场上投资者对处罚事件的反应。研究结果表明，上市公司违法违规处罚会对股票收益产生负面的影响，违规披露11天之内的累积非正常收益的均值和中值分别为 - 0.006 和 - 0.0098。陈等（Chen et al.，2005）以1999～2003年中国证监会公布的所有采取监管强制措施的上市公司为样本，考察证监会的执法效力。研究发现，约12%的上市公司接受了中国证监会的调查，从而采取了强制措施。这样的违规披露导致60%的违规公司样本出现显著为负的超额累计收益，整体来看，这些违规样本的超额累积收益在 - 1.12% ～ - 1.87%。杨忠莲和谢香兵（2008）关注到我国沪深两市受中国证监会和财政部处罚的财务报告舞弊公司，对其在公告日前后的市场反应及其影响因素进行了实证研究，发现上市公司在舞弊公告日的股价有较大幅度波动。具体来看，舞弊公告当日样本公司股价平均下降了0.339%，最大限度地降幅高达8.145%。舞弊公告次日样本公司股票价格平均下降了0.906%，最大限度地降幅为10.015%。研究结果表明，上市公司的财务报告舞弊行为会给资本市场上投资者带来较大的风险。在处罚宣告日前后各3天中，平均累计超额回报率达到 - 1.6%。

（二）企业违规与声誉损失

从长期和范围更广的影响来看，违规给企业带来的危机，让人们有理由对组织进行不好的思考（Coombs，2007），已有文献普遍认同违规会给企业带来严重的声誉损失。卡尔波夫和洛特（Karpoff and Lott，1993）指出声誉损失可以被看作是首次披露违规行为时公司价值的变化减去违规行为的法律处罚。对于违规公司来说，只有小部分损失是由法院强制执行和刑事罚款，公司违规带来的声誉成本是巨大的，占据了公司披露违规后付出成本的绝大部分。卡尔波夫等（2008）的进一步研究中对于声誉损失进行了更为准确的计量，认为违规造成的声誉损失可以被估计为由于较低的销售、较高的合同和融资成本导致的未来现金流现值中的预期损失。平均而言，如果一家公司通过误导市场的方式增加了 1 美元的市场价值，当其不当行为被披露时，该公司的损失首先是失去增加的那 1 美元，另外，它还会额外损失 3.08 美元。这 3.08 美元是预期的法律处罚 0.36 美元和声誉损失 2.72 美元。整体来看，声誉损失是通过法律和监管系统施加的所有处罚总和的 7.5 倍以上。墨菲等（Murphy et al.，2009）认为围绕会计丑闻发生的与声誉相关的市场损失，是由于利益相关者对公司履行承诺的意图和能力的不确定性增加和期望降低所致。具体来说，声誉资本贬值的原因包括：一是在资本提供者方面的融资成本预期会增加；二是与公司其他利益相关者（包括客户、员工和公司运营所在的地理社区）进行交易的成本预期会增加；三是未来现金流预期减少，来自销售损失、废弃项目和诉讼增加等。陈运森和王汝花（2014）认为，违规行为的处罚公告向市场传递了坏消息。无论这种坏消息的内容和程度是什么，都会对公司的声誉造成负面影响。由于企业违规的处罚都是事后监督，这就意味着之前公司提供给外界的信息可能是不真实的，是对公司历史信息的一种否定。当企业受到监管机构处罚的信息在全国范围内各种媒介上公告，信息传播快速而广泛，对企业声誉的损害将是极大的。

企业声誉资本的破坏会带来多种可能的后果，影响与利益相关者之间的关系。库姆斯（Coombs，1995）认为违规是一个组织的腐败或不道德行为，使其利益相关者处于危险之中。利布曼和米尔霍普（Liebman and Milhaupt，2008）认为违规产生的声誉惩罚通过提高未来成本或减少未来收入来影响公司的现值，因为交易对手改变了他们将在公司开展业务的条件，不仅提高了企业的运营成本，也可能损害公司发展。查克拉法思

（Chakravarthy et al.，2014）认为，企业违规时，与声誉相关的市场损失发生的原因是由于利益相关者对公司的意图和履行承诺的能力的不确定性增加和期望降低所致。从各个角度来看，声誉资产的变化都会影响利益相关者与组织的互动方式（Coombs，2007）。

第一，从投资者角度来看，克莱维特和谢夫林（Kravet and Shevlin，2010）认为，当公司发生严重财务重述时，投资者会重新评估他们对这些公司财务信息质量的看法。预计管理层的可信度将下降，投资者对管理层正在机会主义的做出会计决策的担忧将增加。因此，在宣布重述后，公司信息风险的自由裁量部分的定价增加。察瓦等（Chava et al.，2010）也认为公司因违规而发生的诉讼会导致其权益资本成本显著增加。第二，从债权人角度来看，陈等（2011）、刘星和陈西婵（2018）提出银行会积极关注资本市场监管，他们是上市公司"机会主义行为"的利益相关者。上市公司违规带来的声誉损失直接增加了银行信息成本和违约风险。信息成本的增加来源于当银行依赖的公司财务报告不可信或不够充分时，银行需要通过其他渠道补充或修正信息；而违约风险来自客户的偿还能力和偿还信誉。因此，证券违规会导致公司股票价格迅速下跌，市值遭受损失，公司破产风险上升，债务偿还能力下降。证监会处罚公告所释放的信息具有风险预警作用，银行利用该信息及时地观察到公司的真实风险和实际价值，从而调整信贷决策。因此，企业被处罚后的银行贷款会明显低于未违规企业。第三，从供应商的角度来看，辛清泉等（2019）、陈运森和王汝花（2014）认为供应商对公司的盈利能力非常关注，企业违规导致的声誉受损意味着公司历史信息可能是不真实的，因此供应商可能会改变之前基于历史信息对公司盈利能力的判断。各类监管机构的制裁使公司的后续业务受到限制，公司面临经营环境、投资环境等状况的恶化。除此之外，供应商与公司之间的联系不仅体现在产品的购销关系上，还体现在通过赊购获取短期融资。如果供应商对公司未来偿债能力和运营能力产生怀疑，会影响到现有的供应商对公司提供商业信用的决策，还可能影响潜在供应商与企业合作并提供商业信用的意向。第四，从公司客户的角度来看，卡尔波夫和洛特（1993）认为声誉惩罚是昂贵的，它们产生的代价是是由准租金产生，而准租金是消费者为高质量保证而支付高价时确定的。民事或刑事罚款也很昂贵。除了行政和执法成本外，罚款还会给合法公司的客户带来更高的价格，因为更高的罚款会增加合法的固定回报，从而保护自己免受欺诈的虚假指控。强生等（Johnson et al.，2014）认为财务上的不当行为对公司与客户之间的契约关系有很大的影响。客户会避免与不诚信的公司打交道，从而会减少他们对违规公司产品的需求，导致公司与客户关系破裂的可能性增加，以及违规公司大客户收入的百分比减少。第五，从雇员角度来看，查克拉法思等（2014）认为员工的工作安排包含对公司性质和雇佣条款的隐含要求。通过自我选择的过程，员工为他们认为具有相同道德和价值观的公司工作。员工会根据管理层的含蓄承诺，对他们的工作条件、向上流动和长期薪酬产生期望。在严重的财务重述之后，一家公司履行承诺的声誉可能会受到损害。这样的公司将在现有的劳动力中经历消耗和生产力降低，吸引那些喜欢机会主义行为的员工，难以吸引高质量的员工。第六，从审计的角度来看，朱春艳和伍利娜（2009）提出上市公司如果披露出受到证监会的处罚，说明存在舞弊行为。因此提高了对该上市公司的审计风险，以及事务所面临的连带赔偿责任风险。为降低审计失败的可能性，或者在发生审计失败时最大幅度地减少审计师承担的责任，审计师会对上市公司出具更加严格的审计报告。另外，审计师对存在舞弊行为的客户进行审计时会更加谨慎，收取审计费用时会向客户收取额外的费用以弥补未来可能承担的诉讼及名誉损失或者在进行审计时会更加谨慎以降低审计失败发生的可能性。

二、声誉修复的相关研究

部分文献从企业与利益相关者之间的互动角度，研究违规后企业对其声誉的主动修复。组织的不当行为将利益相关者置于危险之中，利益相关者可能会撤回其支持和资源，从而阻碍组织生存和成功的机会（Elsbach，2003；Gillespie et al.，2014），这就迫切需要组织采取措施修复声誉，减少负面影响和防止负面行为意图，挽回利益相关者的信任。卡尔波夫

（2012）认为，企业如何修复受损的声誉是现有声誉研究中重要的未解决问题之一。

科罗娜和哈瓦（Corona and Rhawa，2018）指出承认错误本身就是声誉修复的方式。作者关注到通常公开披露其财务问题和错误的决策会导致立即的声誉损失，但是为什么有些公司会主动披露其财务问题和错误。作者认为尽管某些文献提出该决策可能归因于试图表明公司的信息透明度或试图避免可能的诉讼费用，但通过两阶段博弈模型发现即使在没有其他非声誉纪律机制的情况下，仅对感知能力的声誉担忧，也能为企业提供足够强的动机来承认自己的错误。通过分析企业与外部评估者之间的反复互动发现，在平衡状态下，忏悔会使企业受到更高的未来审查，这对于低质量的企业来说成本更高。因此，在均衡状态下，高质量的公司更容易承认错误。因此，在长期来看，主动承认错误是修复其声誉的重要方式。

扎维亚洛瓦等（Zavyalova et al.，2012）认为，在违反利益相关者期望的情况下，企业必须学会管理利益相关者对企业行为的看法。不同的反应行为可能会减弱或放大不当行为对利益相关者认知的负面影响。当一家公司或其同行从事不法行为时，媒体和利益相关者会积极寻求有关该公司的新信息，并重新调整他们对该公司的印象。企业在不当行为之后的反应可以被分为技术性或仪式性两类。技术性的反应包括企业对于不当行为发生原因的解释，关注企业内部流程或外部评估的变化，从而吸引媒体和利益相关者的注意。企业经常通过媒体发布关于其活动的口头报告，从而简化了利益相关者对信息的搜索并影响了利益相关者对企业行为的适当性的看法。仪式性的反应包括公司在不当行为发生后，通过强调公司可替代的和积极的性格特征改变利益相关者对公司的看法，并将媒体和利益相关者的注意力从不法行为中转移开。公司可以通过直接找出问题的原因，投入资源，最大限度地减少负面事件的影响，并尽快解决感知到的违规行为，从而有效地恢复其不当行为后的社会认可。

查克拉法思等（2014）认为，在财务报告丑闻（如严重的会计重述）之后，企业声誉建设行动的频率会增加。这样的声誉建设行动不仅针对资本提供者，还针对公司的客户、员工和运营社区。具体而言，针对资本提供者的声誉建设行动包括：一是改善治理；二是解雇高级领导；三是改进激励或内部控制系统；四是重组公司；五是回购股票等。针对资本提供者的声誉修复是所有丑闻公司一致的行动，然而，在对待其他利益相关者方面，不同类型的公司会针对不同的利益相关者。销售耐用产品或长期服务的公司更关注客户，拥有组织或高度专业化劳动力的公司更关注员工，而在许多地方运营的公司更加关注当地社区的声誉修复。

吉莱斯皮等（Gillespie et al.，2014）通过英国公司发生违规丑闻和严重违反诚信的案例，研究组织如何有效地修复信任，并与关键利益相关者（如员工、监管机构、投资者和客户）重新融合。公司违规后，管理层会通过公开调查、准确解释、道歉忏悔和系统改革等一般方式修复声誉，也会采取更换负责人、修改公司程序和文化改革的方式重新建立对组织的认同感，以避免违规再次发生，并挽回利益相关者的信任。从整体来看，这样的改革是有效的。利用美国公司的数据也有类似发现，如法伯（Farber，2005）利用 87 家被美国证券交易委员会认定为违规操纵财务报表的公司的数据，提出公司在违规后会采取一定措施改善其公司治理，这些措施包括增加独立董事的数量、增加审计委员会会议次数等。在违规被披露的 3 年之后，违规公司在外部董事成员的数量和百分比方面具有与未违规公司相似的治理特征，在审计委员会会议的数量上甚至超过了未违规公司。马丘凯蒂等（Marciukaityte et al.，2006）通过研究被美国监管机构处罚的上市公司数据也指出，违规企业会改善其公司治理机制，以重新得到投资者的认可。威尔逊（Wilson，2008）发现财务重述的公司会通过更换管理层或审计师的方法挽回声誉。并且与不做这些改变的公司相比，改变 CEO 或审计师的财务重述公司可以更快地恢复其报告可信度。以我国上市公司为样本，车笑竹和苏勇（2018）认为违规行为是上市公司的一种典型社会责任缺失行为。企业违规后，与利益相关者之间重新建立信任关系是提升企业价值并修复组织合法性的重要途径。因此，违规企业有动机通过自愿发布社会责任报告改变利益相关者对企业的认知。李晓玲等（2017）和夏等（Xia et al.，2019）通过实证研究发现企业违规行为发生后，慈善捐赠水平显著增加，认为上市公司慈善捐赠具有掩盖企业违规行为、转移公众注意力的"伪善"一面。在违规行为后,企业增加慈善捐赠可能是出于掩盖不当行为、逃避违规处罚的工具性动机。

菲尔等(2008)较为系统地概括了公司在不当行为发生后与利益相关者"重新融入"的过程,包括"披露(违规)—解释(原因)—忏悔(处罚)—修复(补救)"四个阶段。其中,修复阶段始于利益相关者从"组织应该如何受到惩罚"的问题过渡到开始要求确保不再发生违法行为——"组织发生了什么变化?"修复是一个长期的和极为重要的阶段,不仅包括企业内部的改善(如更换管理层、加强内部控制),也包括新道德形象的外部塑造。组织必须确保其内部和外部两方面所采取的行动是一致的,从而向所有利益相关者传达相同的新信息。如果出现不一致的内外部行动,可能扭曲了更新的信息,导致利益相关者更加缺乏信任。可以说,对于声誉的修复是由利益相关者驱动的,由于利益相关者具有异质性,因此组织行动需要适当地在某些关键问题上做出改变。

库姆斯(2007)认为,在危机中的各种沟通会对人们的感知产生重要影响。组织和管理层采取的行动,甚至使用的词语都会影响利益相关者对组织以及危机的看法。而这些看法又会形成新的对组织声誉的评估,以及对组织的情绪反应和未来与组织的互动。因此,大多数研究认为,企业声誉重建活动能够有助于企业价值或绩效的改善(Amiram et al.,2018;Gillespie et al.,2014;Wilson,2008)。

扎维亚洛瓦等(2012)认为公司在不当行为之后的积极反应表明公司处于控制之中,并致力于解决问题,对于帮助公司从错误行为中的恢复是有效的。法伯(2005)调查了违规企业在改进后的治理是否影响知情资本市场参与者。结果表明,违规公司的分析师跟踪度和机构投资者持股数量没有增加,这表明这些公司的可信度仍然是一个问题。然而,研究结果也表明采取改善治理措施的公司,即使在控制了收益表现之后,也具有较高的股价表现。这表明投资者似乎对于治理改进较为重视。查克拉法思等(2014)衡量了声誉修复的直接影响,发现在重大财务重述之后,重述公司在声誉重建方面的行动公告的市场回报明显高于重述前该公司采取的类似行动的回报,也高于在重述前和重述后期间相匹配的控制公司的回报。

违规处罚——对企业并购的影响研究

这些结论证明了投资者将认为，随着公司声誉资本重建行动的展开，公司也会产生增值。但是，察瓦等（2010，2018）发现声誉损失是长期的，并不容易在短期内被修复，即使企业进行了声誉重建活动，声誉损失的影响至少会持续 6 年时间。张等（2018）也认为公司违规对提升债券成本的影响会在一段时间之后逐渐减弱，但是这种缓解速度会较慢。

三、企业并购的相关研究

从 19 世纪以来，各行业和各领域的企业通过并购的方式加快扩张步伐，掀起了五次大规模的并购浪潮，国内外学者围绕企业并购这个话题也展开了大量的理论与实验研究。并购是一个动态的、复杂的博弈和决策过程，可分为并购前（动机分析）、并购中（交易执行）和并购后（经济后果）三个阶段。本书沿着并购不同阶段的文献进行综述。

（一）并购前——企业并购动机

企业的并购决策仍然是复杂而神秘的"黑箱"，也吸引了大量学者对于并购动机的探讨。追求协同效应是企业进行并购最常见和最认可的动机。在并购之前，企业难以达到规模经济的潜在要求，包括横向规模经济（降低成本费用的规模经济）、纵向规模经济（降低交易费用的规模经济）和其他规模经济（管理职能方面的规模经济）。通过并购的方式可以对企业规模进行扩充和重新调整，达到理想经济状态。阿罗（Arrow，1975）认为横向兼并能够合并企业的销售网点和职能部门，以此降低成本；而纵向兼并中，降低谈判成本和交易费用是达到规模经济的方式。休斯敦等（Houston et al.，2001）发现通过并购能够节约税前成本和增加收益，达到双方经营协同效应。

资本市场驱动是并购动机的另一种解释方式。施莱弗和维什尼（Shleifer and Vishny，2003）基于美国企业并购活动的历史，首次明确提出了并购的主要动机与收购方股票的市场价值相关。股票市场如果对于收购方、目标方的价值，以及整合后的市场价值有了错误估计，理性的管理层可以通过并购决策来利用这一点。萨维和陆（Savor and Lu，2009）的研究也发现了市场对收购方价值的高估高于目标方，企业成为收购方的可能性在股价被高估时显著增加，并且，这些股价被高估的收购方在并购交易中更倾向于采取股票支付的方式。

从罗尔（Roll，1986）提出管理者过度自信的假说以来，大量学者开始把管理者过度自信考虑在并购动机的框架中。马尔门迪尔和泰德（Malmendier and Tate，2008）的研究发现，过度自信的管理者可能高估公司投资项目收益以及低估投资风险，因此，管理者的过度自信与企业的并购活动呈现出显著正相关关系。具体来看，与理性管理者相比，过度自信的管理者更频繁的实施并购，并且更可能实施破坏企业价值的并购活动。傅强和方文俊（2008）也发现，如果并购方的管理者具有过度自信的特征，会认为自己的能力高于目标公司当前的管理者，因此可能高估并购给公司带来的潜在价值和低估并购带来的破坏。管理者过度自信程度与并购正相关，管理者过度自信是并购的主要动因之一。从融资方面，过度自信的管理者还会认为外部投资者低估了公司的价值，这使其在发行股票为并购融资之前，会耗尽所能得到的所有内部资产。因此，越是在现金充足、债务状况良好的公司，并购对并购企业股东的损害效应越突出。

除了经典的投资动机的研究，现有研究也把其他动机纳入并购的分析框架中，政治动机就是其中的一个重要部分。施莱弗和维什尼（1994）以俄罗斯的实践发现，在"转轨"经济中政府会通过金字塔控制、交叉持股等形式获得超出其拥有的企业所有权的控制权，此时政府成为事实上的企业终极控股股东。政府可以引导甚至决定某些企业的并购决策，与此同时，政府还承担着大量的社会责任，其有动机和能力将这些社会责任的任务施加给企业。李善民等（2004）认为企业发动并购是为了获取税收减免或补贴等优惠政策。步丹璐和狄灵瑜（2017）从获得补助的角度研究了企业的长期股权投资行为，发现上市公司的股权投资额越多，其获得的政府补助越多。股权投资成为企业联系各个地方政府的直接桥梁，企业积极迎合政府需求以从地方政府获得非正常的"超额收益"，证明了在我国企业进行股权投资的非效率性。张雯等（2013）认为我国的并购市场在某种程度上受到管制，企业之间的并购并非完全市场化的行为，地方政府在并购市场中起着举足轻重的作用。有政治关联企业更容易通过政府获得扩张所需要的资金以及并购资源，有强烈的动机利用这种优势实施大规模的并购，借此来扩大自身规模。因此，政治关联企业实施了更多的并购，并购规模也更大。

杨晓嘉和陈收（2005）提出了并购的保护上市资格动机。上市公司为了确保公司的股票不会被暂停或终止上市交易，以及维护公司的再融资功能，会通过并购的手段来促使公司达到相关条件。当出现连续亏损时，公司会急于发起并购，通过与关联公司间的财富转移达到财务报告盈利的要求，并以此规避退市风险。

除此之外，石等（Shi et al.，2017）的研究提出了并购的增加社会认可和地位动机。作者基于一个特殊的场景，即 CEO 评选获奖，发现在目睹竞争对手获得 CEO 奖项后，那些没有得奖的 CEO 会调整他们之后的战略决策，通过密集的收购活动以提高其社会认可度和地位。并且，当没有得奖的这些 CEO 本身很有可能获得该奖项时，这种效应就更为明显。

（二）并购中期—交易执行

并购的交易执行阶段包含了从并购宣告到并购决议（并购完成或失败）的过程，学者们对这一阶段的研究相对来说起步较晚，文献数量也相对较少。布恩和马尔赫林（Boone and Mulherin，2007）详细分解了公司并购中间过程，认为该过程包括非公开并购和公开并购两个时期。在非公开并购时期，目标公司与众多潜在主并方接触并进行初步协商；而在公开并购时期，目标公司只与一个或数量非常有限的主并方深入再协商，两个时期的分界点是公开并购宣告。穆尔菲尔德等（Muehlfeld et al.，2007）认为并购中间阶段具有复杂性和不确定性，但是往往受到学者们的忽视。在该阶段并购双方会对于并购交易的一系列内容进行协商，包括支付方式的选择、并购比例的确定等。

从支付方式的选择来看，一部分学者认为信息不对称在其中起着重要作用。梅耶斯和梅吉拉夫（Myers and Majluf，1984）认为在信息不对称的环境下，投资者会将不同的支付方式视为不同的信息表达，如果主并企业高管以股东利益最大化为决策准绳，拥有私有信息的并购方更倾向于选择股票支付，并且目标企业会认为这代表着并购企业的股票目前已被高估，会进一步要求更高的溢价作为补偿。金等（King et al.，2004）也发现当并购企业的管理者认为公司股价被低估时，会倾向于使用现金进行并购，而当他们认为公司股价被高估时，更多使用股票进行收购，这表明市场应将股票融资交易视为并购方高估价值的信号。迪朱利（Di Giuli，2013）认为在并购中，收购方能够主导支付方式的决策，他们会利用股票溢价，选择股票作为支付方式。在这个过程中，目标企业的经理也由于相信合并的质量，考虑到合并实体股份的长期价值，高估了协同效应。当并购企业面临更好的投资机会时可能在并购交易中更多的使用股票作为支付方式。也有学者认为，并购交易中支付方式的选择更多涉及控制权的问题。卡罗等（Carow et al.，2004）提出，由于现金支付方式不涉及股东控制权变更的问题，因此对主并公司的股东更有利，或者至少不那么有害。戈什和卢兰德（Ghosh and Ruland，1998）认为目标公司的管理者如果对于并购之后公司的影响力非常重视，他们会更愿意接受股票。这些管理者重视影响力的一个原因是增加他们在并购后的公司中保留工作的机会，因此，目标公司的管理所有权与股票支付方式的可能性之间存在着强烈的正相关关系。文章还指出，当目标公司的经理获得股票而不是现金时，他们更有可能在合并后的公司中保留工作。海伦和利（Heron and Lie，2002）认为现金交易和股票交易的并购在后续的经营绩效上没有实质性差异，但股票收购的公告宣告后的市场回报率会低于现金收购。

从并购比例的视角出发，沙朗颂等（Chalençon et al.，2014）提出收购目标方股权资本的百分比决定了收购方的权力程度和承诺。穆尔菲尔德等（2007）认为，在并购中，主并企业提出的并购比例能够提供该交易是其追求战略目标还是财务利益的信息。如果主并企业寻求高比例的所有权交易，意味着并购具有更大的战略重要性，因此需要更高级别的管理者作为决策者。因此，与高比例并购相关的战略交易可能会以更大的力度进行，从而增加其完成机会。王砚羽等（2014）基于我国的背景发现，企业

违规处罚——对企业并购的影响研究

的政治基因对于并购会产生显著影响，表现在企业会在并购过程中带有计划经济时期的控制以及扩张倾向，而这种非理性的控制倾向对企业并购绩效具有消极作用。而廖（Liao，2014）研究了少数股权收购（收购比例为5%~50%）的目的，认为公司出售少数股权是为了缓解财务约束。在少数股权并购中，目标企业大多是财务受限、有高增长机会的公司。与不受财务限制的目标公司相比，财务受限的目标公司在并购公告当日的回报率更高。此外，当这样的并购发生在同行业之间时，回报也会更高。

（三）并购后期—企业并购绩效

对于并购绩效的研究大致可以分为市场绩效和会计绩效两类。关于市场绩效的研究多采用事件研究法。事件研究法以有效市场假说为前提，使用公司股价数据计算并购宣告时的累积超额收益或者买入并持有异常回报来测定并购交易对公司价值的影响。最早运用事件研究法的是法玛（Fama，1969），他通过比较并购前后的窗口期内公司股票价格变化来证明并购对股东的短期财富效应。虽然在并购绩效的研究中，目标公司能够取得较好的绩效，然而关于主并企业能否从并购活动中获利并没有得到一致的结论。詹森和卢巴克（Jensen and Ruback，1983）总结了13篇与并购绩效相关的文献，总结出并购平均会给目标公司的股东带来20%~30%的累积超额收益。施维尔（Schwert，1996）研究了1975~1991年的1814个并购事件，发现在事件窗口内，目标公司的股东平均能够获得35%的超额累积收益。从主并企业角度，某些学者认为主并企业在并购后的绩效为负，如阿格拉沃尔和贾夫（Agrawal and Jaffe，2001）发现收购企业的股东在并购完成后的5年损失了财富的10%，张宗新和季雷（2003）也认为在实施并购后，收购公司的流通股股东财富受到了损失。而另一部分学者得到相反的结论，如詹森和卢巴克（1983）认为在成功的要约收购中竞价企业的超额累计收益率为正的4%，李善民和陈玉罡（2002）研究发现，收购方股东在事件区间内可以获得超常收益。从并购双方的角度，田高良等（2013）认为并购会给主并公司的股东带来显著为负的财富效应，而给目标公司股东带来显著为正的财富效应，但是将主并公司和目标公司合并起来当作一个整体考虑，这样的财富效应是显著为正的。

由于事件研究法结论的可靠性需要依赖于半强式有效的市场，这样的假设与现实具有一定冲突，加之股票价格的变化可能受到其他因素的影响，一些学者也使用会计研究法分析并购绩效，其主要手段是使用一系列财务指标研究并购后企业在长期绩效方面的变化。冯根福和吴林江（2001）采用了以财务指标为基础的综合评价方法（包括主营业务收入/总资产、净利润/总资产、每股收益和净资产收益率）来衡量并购前后我国上市公司的业绩变动，以此来检验并购绩效。他们的分析结果证明，企业并购绩效从整体上看是一个先上升后下降的过程，而不同类型的并购在不同时期内的绩效并不是一致的。陈仕华等（2013）以并购公告日前后两年的总资产收益率（ROA）的变化量作为评价企业并购长期绩效的方法，研究发现如果并购双方之间存在董事联结关系，并购方会更可能取得相对较好的长期并购绩效。

并购绩效是从结果的角度考察并购是否成功，而最终结果如何与最初的目的直接相关。因此，一部分学者从并购动机的视角研究对于并购绩效的影响。章新蓉和唐敏（2010）认为资本市场上，公司不同的并购行为隐含着不同控制权下公司并购的不同动因，公司并购绩效则是在不同动因驱动下行为选择的经济结果。作者通过实证检验发现上市公司的并购绩效与其并购动机显著相关，以政策导向为主的国有控股上市公司和以市场导向为主的非国有控股上市公司在并购绩效方面存在显著差异。

穆尔菲尔德等（2007）提出并购活动的可能动机大致可分为经济原因和管理层偏好两类，这两种动机理论上对并购后绩效的影响是不同的。其中，经济原因主要是基于效率的原因（即并购可能导致企业资产重新配置及效率提高）和基于市场力量的原因（并购可以消除竞争，获得定价优势或其他形式的市场力量）。而管理层偏好包括管理层自大和管理层私利。在这两种动机中，基于经济原因的并购业绩更好，而由于管理偏好驱动的交易平均表现出较差的绩效。

从并购的政治动机出发，与政治相关联的并购的绩效较差。如陈仕华等（2015）、曹等（Cao et al.，2019）发现国有企业高管基于政治晋升激励的原因选择实施并购的可能性较高，也会在并购交易中支付较高的溢价，并购后长期绩效显著较差，更容易导致公司价值毁损。王砚羽等（2014）基于路径依赖理论和企业基因理论，提出因为政治基因的作用而发生的并购行为增加了并购交易中的控制权掌握，而且对企业并购绩效有消极影响。

随着并购交易的增加，并购目的也更为多样化，使用同样的绩效方式来考核不同目的的并购交易是否合适引起部分学者的关注。如周绍妮和文海涛（2013）提出，由于企业并购具有不同的动机，因此应该根据特定的并购动机是否实现来评价并购是否成功。

（四）声誉与企业并购的关系

声誉作为企业一项重要的（账外）无形资产，在提高企业绩效、保持竞争优势并提升公司价值方面的作用得到广泛认可（Barney，1991；Amit and Schoemaker，1993）。良好的声誉有利于企业吸引外部融资（叶康涛等，2010），对于企业投资也具有推动作用（Chalençon et al.，2017）。邓等（Deng et al.，2013）认为在社会责任表现方面较好而获得高声誉的主并方企业不仅并购完成时间更短，并购成功率更高，而且在并购后长期业绩增长更多，长期股票回报也会更高。沙朗颂等（2017）发现声誉是影响并购价值创造的关键因素，无论目标方在国内还是海外，收购方的声誉对并购交易都有积极的作用。

从反面来看，负面声誉对于企业并购和其他投资产生不利影响。奥托雷等（Autore et al.，2014），以及袁和张（2016）都发现违规行为会损害公司的声誉，增加利益相关者和管理层之间的信息不对称，从而导致违规企业难以获得外部融资，因此企业可能无法为所有有利可图的投资提供资金，随之企业整体投资会下降，并购投资也会下降。整体而言，违规行为的披露导致融资和投资规模都会减少。陈泽艺等（2017）探讨了负面声誉与并购结果之间的关系，发现媒体负面报道会通过加大公司的声誉受损成本，影响投资者对公司和管理层的看法，并增加投资者对事件的反应强度，还可能导致监管部门等过程声誉主体的声誉受损，进而提高了重组失败的概率。

声誉与并购之间的关系还有另外一个层面，即并购也能对企业声誉产生影响。穆尔菲尔德等（2007）和罗（Luo，2005）都关注到并购交易的中止可能有损主并企业声誉。他们发现并购交易能否成功完成关系到企业声誉、资源（直接成本和机会成本）和学习等方面。并购公开宣告后完成交易是符合主并企业利益的，而并购中止对于其声誉有负面作用，也意味着其使用资源不当。金等（2011）和海勒波连等（2017）的研究都指出，由于并购具有促进企业成长、提高企业价值和质量的重要作用，因此进行更多并购可能与满足投资者和其他利益相关者的高期望有关。石等（2017）从竞争锦标赛的角度，发现并购为竞争对手 CEO 提供了一个有效的渠道，在短期内提升他们的社会认可度和地位。顾小龙等（2017）认为违规公司的 CEO 出于个人职位安全的考虑会选择过度投资，希望通过一种较为激进的投资行为来对冲处罚的负面影响，但这样的行为会导致公司投资效率的下降，从而损害投资者利益。从 CEO 特征来看，受教育水平越高的 CEO 的这种过度投资倾向会更严重。王雅茹和刘淑莲（2020）认为，企业有动机通过实施并购来满足利益相关者对企业未来发展的期望，以维护企业声誉。

第三节　研究述评

围绕本书的研究问题，通过上述文献回顾发现，目前关于企业违规的经济后果，以及企业并购的研究成果较为丰富，相关文献从不同的视角进行了深入探析，也为本书的研究提供了扎实的理论基础。但通过梳理也发现，现有研究中存在一些理论薄弱或空白领域，本书的研究希望能够在这些领域进行延伸和拓展。

第一，国内外学者普遍认同违规处罚带来的最为严重的经济后果是给企业造成的声誉损失，这种声誉损失会破坏企业与利益相关者之间已建立的良好关系，严重影响到违规后企业的财务管理活动。已有研究分析了违规对于投资者、债权人、供应商、顾客、员工及相关中介机构在内的利益

违规处罚对企业并购的影响研究

相关者关系所造成的影响，涉及企业的融资活动、营运活动和分配活动方面，而对于企业投资活动少有研究。已有的关于企业违规对投资影响的文献，如奥托雷等（2014）袁和张（2016），基于美国数据提出违规造成的融资规模下降会使企业无法满足所有净现值为正的投资活动，因此投资也会下降。然而就我国的实际情况来看，在融资和投资的关系中，企业的融资基本上是受投资引导的（齐寅峰等，2005）。因此，针对我国上市公司违规后投资活动，尤其是并购活动的变化需要进一步有针对性地分析。

第二，已有文献虽然重点探讨了违规处罚造成的声誉损失给企业带来的影响及其作用途径，但是对于企业在违规后主动采取措施进行应对的文献相对较少。随着声誉机制在资本市场发挥日益重要的作用，违规处罚会对企业造成范围更广和持续时间更长的影响。在这样的背景下，企业的合理选择是主动采取一系列措施从违规处罚的危机中恢复。在这些措施中，除了变更高管、改善公司治理、增加慈善捐赠等常见方式，研究发现我国上市公司更注重能够通过各种公开渠道披露的方式（如企业更名）与利益相关者重新建立对话并传达相互理解的需求，进而淡化负面信息的不良后果。从这个角度来看，我国情境下的声誉修复是否具有其他方式？在资本市场上受到广泛关注的并购交易是否同样具有声誉修复的效果？

第三，随着并购交易的增加，企业为什么并购的问题引起学术界越来越多的关注。在经典的并购动机理论之外，学者提出了政治关联和获取政府补助、缓解融资约束以及投机性等多种动机。近期的研究发现，企业实施并购与声誉有关，并购具有维护声誉和提升声誉的作用（王雅茹和刘淑莲，2020；Haleblian et al.，2017；Kim et al.，2011；Shi et al.，2017）。相关文献虽然已经意识到并购在声誉方面的动机，但是其影响机制尚未得到合理解释，也没有通过实证研究的方式检验并购对于声誉的影响。

本书聚焦于违规经济后果中的企业投资领域，从声誉修复的视角研究了违规处罚对于企业并购行为的影响，以及影响机制和最终绩效，试图打开企业违规如何影响企业并购活动这一黑箱。本书的研究有助于深刻认识违规企业并购行为背后的逻辑，以期对企业违规的经济后果、并购动机研究等方面提供理论和经验支撑。

第三章

上市公司监管制度背景与违规处罚现状分析

本章主要介绍上市公司监管的制度背景，包括主要监管机构、监管法律法规等。另外，也对我国 A 股上市公司 2008～2017 年企业违规处罚的数量、年度分布、类型特征等情况进行分析和介绍。本章对于上市公司监管制度和上市公司违规处罚现状的描述，可以基于我国的特殊背景，了解上市公司违规处罚所产生的负面影响，为理解企业在违规后主动采取措施应对的行为提供帮助，也为后续实证章节奠定基础。

第一节　上市公司监管制度背景

作为中国企业的优秀代表，上市公司的规范运作不仅具有保护投资者合法权益的重要作用，也关系到资本市场的健康发展以及国民经济的稳定增长。而推进上市公司的规范运作，除了引导企业自身尊重市场、尊重规律之外，监管体系的建立和不断完善成熟也是重要的制度保证。

从监管机构方面来看，中国证券监督管理委员会（以下简称"证监会")是统一监督管理我国证券期货市场的国务院直属机构,在维护证券期货市场秩序及保障其合法运行方面具有核心作用。证监会成立于1992年,同时成立的还有国务院证券委员会(以下简称"国务院证券委")。最初的制度设计为:国务院证券委是国家对证券市场进行统一宏观管理的主管机构,而证监会是国务院证券委的监管执行机构,依照法律法规对证券市场进行监管。1992~1997年,全国证券管理体制不断变革,上海和深圳两家证券交易所,以及原中国人民银行监管的证券经营机构均划归证监会统一监管,证监会职能明显加强。1998年,根据国务院机构改革方案,决定将国务院证券委与证监会合并,进一步强化和明确了证监会的监管职能。改革后,证监会设有20个职能部门、1个稽查总队和3个中心,在省、自治区、直辖市和计划单列市设立36个证券监管局,以及在上海和深圳设有证券监管专员办事处。依据相关法律法规,证监会的监督管理职责涵盖了起草和制定证券期货市场有关的法律法规及规章、监督上市公司及部分股东履行按法律法规规定的有关义务,以及对证券期货违法违规行为进行调查和处罚等。

在监管法律法规方面,我国证券市场已经形成了包含法律、行政法规和部门规章三个层级在内的较为完整的法律体系。法律主要包括《中华人民共和国公司法》(以下简称《公司法》)和《中华人民共和国证券法》(以下简称《证券法》)等,其中《公司法》规范了公司的组织和行为,如组织结构的构建、治理机制的运行、股份的发行与转让、管理人员的任职资格等。《证券法》规范了证券发行和交易行为,如证券发行、证券交易、上市公司的收购、信息披露及投资者保护等;行政法规主要包括《证券公司监督管理条例》以及《证券公司风险处置条例》等,用于规范证券公司的行为,防范、控制和化解证券公司的风险,以及保障投资者合法权益;部门规章主要包括证监会颁布的部门规章、规范性文件,涉及行业管理、公司治理、业务操作和信息披露等方面,如《上市公司治理准则》《上市公司信息披露管理办法》等。

伴随着我国证券市场监管体系的不断完善,上市公司违规行为引起更多关注。可以说,各个层级的法律法规对于上市公司的组织及行为更多是进行正面规范，告诉企业应该怎么做，而上市公司违规是典型的反面案例，是对于已发布的法律法规的公然违背。如果不采取措施纠正和处罚，不仅会损害投资者合法权益，妨碍我国证券市场的稳定健康发展，甚至会影响到国家经济发展及信用体系的建立健全。以达比和卡尔尼（Darby and Karni，1973），以及格雷蒂和莱恩（Gerety and Lehn，1997）为首的学者认为，违规行为是企业理性选择的结果，企业将预期的成本和收益相权衡，以此决定是否违规。从这个角度来看，对于上市公司违规行为的监管处罚具有重要性，能够通过增加企业违规成本的方式对企业起到惩罚作用，降低后续违规行为发生的概率，进而保障证券监管法律法规的有效实施，维护投资者合法权益和维持证券市场秩序。

证监会作为证券市场的统一监督管理机构，专门设立行政处罚委员会、稽查总队、上市公司监管部、稽查局（首席稽查办公室）等单位和部门，负责上市公司违规处罚工作。其中，行政处罚委员会主要负责制定证券期货违法违规认定规则，审理稽查部门移交的案件，依照法定程序主持听证，拟订行政处罚意见等；稽查总队属于证监会直属事业单位，主要负责承办证券期货市场重大、紧急、跨区域案件等；证监会内部职能部门中，上市公司监管部牵头负责上市公司出现重大问题及风险处置的相关工作等；稽查局（首席稽查办公室）主要职责为统一处理各类违法违规线索、组织非正式调查、以及办理立案撤案、组织重大案件查办等。另外，证监会下属的上海证券交易所和深圳证券交易所也可以针对所在交易所的上市公司、管理层及相关主体的违法违规行为，实施自律监管措施和纪律处分。可以看到，证监会在机构职能设定中强调了通过对于上市公司违法违规行为的查处以保障监管的有效性。

对于上市公司违规行为，证监会及下属交易所依据《行政处罚法》《证券法》等法律的规定，陆续发布《信息披露违法行为行政责任认定规则》《证券期货违法违规行为举报工作暂行规定》《上市公司股权分置改革保荐工作违规行为处罚办法》《深圳证券交易所自律监管措施和纪律处分实施细则》等文件。根据相关规定，针对上市公司的违规行为，证监会及下属交易所的行政处罚措施包括：（1）警告；（2）通报批评；（3）公开

违规处罚

对企业并购的影响研究

谴责；（4）责令改正；（5）暂停或者撤销业务许可；（6）没收违法所得；（7）罚款；（8）撤销任职资格或者证券从业资格；（9）限制交易；（10）市场禁入；（11）法律、行政法规规定的其他行政处罚。

以证监会和沪深交易所为主的监管机构从机构设置和法令发布等方面不断提高监管力度，但是从监管效果来看，如果上市公司违规及受到处罚的信息没有畅通的渠道传递给资本市场参与者，那么，监管处罚也难以达到其目的。因此，通过违法违规信息披露的方式增强监管效果是必要的。根据《上市公司信息披露管理办法》，"当发生可能对上市公司证券及其衍生品种交易价格产生较大影响的重大事件，而投资者尚未得知时"，上市公司应当立即通过临时公告的形式进行公开披露，"说明事件的起因、目前的状态和可能产生的影响"。这些重大事件中就包括企业违规处罚事件。例如，"公司涉嫌违法违规被有权机关调查，或者受到刑事处罚、重大行政处罚；公司董事、监事、高级管理人员涉嫌违法违纪被有权机关调查或者采取强制措施；因前期已披露的信息存在差错、未按规定披露或者虚假记载，被有关机关责令改正或者经董事会决定进行更正"等。当然，管理办法中的有权机关不仅包括证监会及下属交易所，还包括各级法院、公安等机关。

"严格处罚+注重披露"的双重手段是上市公司有效监管的重要保障，尤其是在信息化环境下，违规处罚事件的传播和演变都发生了颠覆性变化。首先，上市公司的违规信息一经披露，便可通过网络迅速传递给国内乃至全世界的所有市场参与者，传播速度快、传播范围广；其次，市场参与者会通过网络平台（如证交所互动平台、股吧等）对于上市公司违规展开讨论，通过广泛参与和深度交流不断继续挖掘和扩散这些违规信息；最后，违规信息一旦在网络上公开披露，就会存储很长时间（甚至永久保留），成为难以抹去的污点。在这样的背景下，上市公司如果披露出违规行为，其需要面对的不仅是证监会及其他有权机关的行政处罚，还需要面对企业所有的利益相关者所施加的更为严重的声誉处罚，违规会产生更具有影响力的经济后果。

第二节　上市公司违规处罚现状分析

在加强和改善资本市场监管、营造公平有序的市场环境背景下，针对上市公司的违法违规行为，监管机构不断加大打击力度。根据锐思金融研究数据库（RESSET）所提供的重大事项违规处罚统计表可知，2008～2017年，因违规被处罚的 A 股上市公司共计 3885 家。[①] 在这些违规样本中，包含了证监会和证交所出具的问询函和关注函，由于这两类情况是否真正属于违规处罚，在学术界存在不同意见。本章统计的违规处罚样本删去了这些包含问询函和关注函的情况，剩余 3206 个违规企业样本作为主要分析对象。需要说明的是，由于某些公司在不同年度出现多次违规处罚的情况，因此，这 3206 个样本中包含一些重复的公司，如果从企业数量来看，有 1788 家企业在样本期间内受到过违规处罚。下面从违规处罚年度分布、违规处罚公司股权性质、违规处罚公司行业、违规处罚原因类型、违规处罚机构等方面进行分析。

一、违规处罚年度分布

2008～2017 年，我国受到违规处罚的上市公司数量呈现上升趋势，如图 3-1 所示，2008 年仅有 58 家公司收到违规处罚，而到了 2017 年，该数据变为 555 家，增长比例高达 856.9%。具体而言，违规处罚企业年度分布呈现明显的三级阶梯状结构：第一阶段为 2008～2010 年，该阶段每年受到违规处罚的公司不足 60 家；第二阶段为 2011～2014 年，该阶段证监会提出"加强监管、放松管制"，增强了对于上市公司违规行为的打击力度，因此，2011 年违规处罚的企业数量迅速增加到 211 家，超过第一阶段

---

① 锐思数据库统计的违规数据来源于上市公司临时公告所披露的违规信息，参见顾小龙等（2016）、陆瑶和胡江燕（2016），在统计违规公司数据时，一年披露多次违规不重复计算，不同年份累计计算。

数量的总和，并在之后的三年继续增加到每年300家以上；第三阶段为2015～2018年，其中，2015年在推进资本市场监管转型的大背景下，体现出对资本市场违法违规行为的进一步"严打"，2015年证监会审理案件、罚单均同比翻番。2015年受到违规处罚的公司数量达到十年来最高值，为686家。在之后的两年中，虽然违规处罚的公司数量略有下降，但是也保持在每年500家以上。

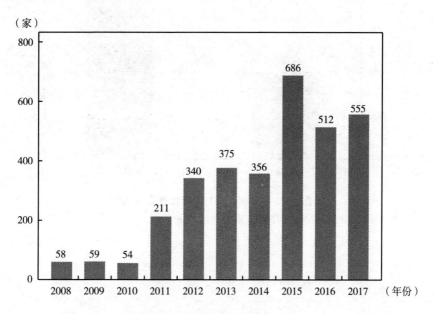

图3-1　违规处罚公司年度分布

资料来源：锐思金融研究数据库重大事项违规处罚统计表。

二、违规处罚公司股权性质

2008～2017年受到违规处罚的上市公司中，国有企业1007家，占比为31.41%，而非国有企业2199家，占比68.59%，如图3-2所示。两者对比，受到违规处罚的非国有企业数量是国有企业的2.18倍。违规非国有企业数量明显超出国有企业数量，其可能的原因为：一方面，相对于非国有企业，国有企业面临的市场压力更小，因而为追求业绩而违规的动机更小；另一方面，国有企业的终极控股股东是政府，在同等违规条件下，证监会、法院等有权机构可能会对国有企业采取更宽容的处理方式（曹春方等，2017；陈冬华等，2012）。

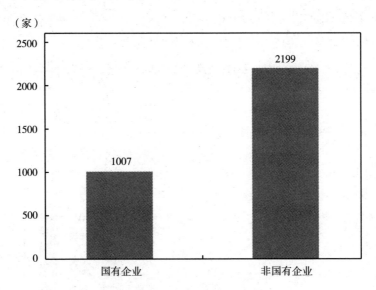

图 3 – 2　违规处罚公司股权性质分布
资料来源：锐思金融研究数据库重大事项违规处罚统计表。

三、违规处罚公司行业分布

从行业分布①来看，如图 3 – 3 所示，2008～2017 年受到违规处罚的上市公司中属于制造业的公司数量为 2068 家，占所有违规公司比重的 64.5%；其后依次是信息传输、软件和信息技术服务业（167 家，占比 5.21%）；批发和零售业（159 家，占比 4.96%）；房地产业（143 家，占比 4.46%）；金融业（105 家，占比 3.28%）；建筑业（99 家，占比

---

① 本章所指行业按照 2012 年证监会颁布的《上市公司行业分类指引》划分为以下门类：农、林、牧、渔业（A）；采矿业（B）；制造业（C）；电力、热力、燃气及水生产和供应业（D）；建筑业（E）；批发和零售业（F）；交通运输、仓储和邮政业（G）；住宿和餐饮业（H）；信息传输、软件和信息技术服务业（I）；金融业（J）；房地产业（K）；租赁和商务服务业（L）；科学研究和技术服务业（M）；水利、环境和公共设施管理业（N）；居民服务、修理和其他服务业（O）；教育（P）；卫生和社会工作（Q）；文化、体育和娱乐业（R）；综合（S）。

3.09%）；采矿业（88家，占比2.74%）等行业；最少的两个行业分别是教育（2家，占比0.06%）以及居民服务、修理和其他服务业（1家，占比0.03%）。

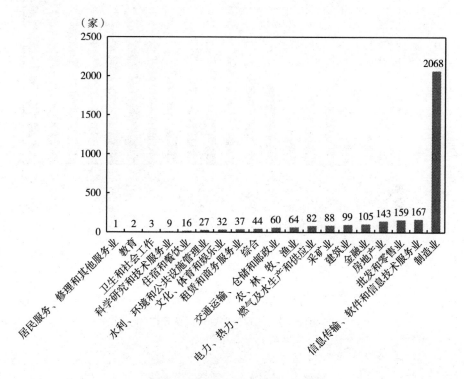

图3-3　违规处罚公司行业分布
资料来源：锐思金融研究数据库重大事项违规处罚统计表。

从违规企业数量来考察行业分布存在的问题，制造业明显高于其他行业的原因可能是因为制造业企业本身数量最多。因此，本章按照不同行业中违规企业所占比例再次查看行业分布，如图3-4所示。按照违规比例来看，制造业并不是最高，仅排在第十位，违规比例为9.1%。排在第一位的为农、林、牧、渔业，违规比例达到0.149，其后依次为综合、住宿和餐饮业、采矿业、金融业、房地产业、批发和零售业等行业。最少的行业是教育，违规比例仅为0.2%。

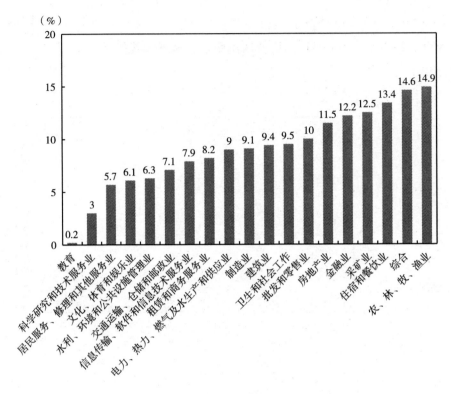

图3-4 违规处罚公司行业分布

资料来源：锐思金融研究数据库重大事项违规处罚统计表。

四、违规处罚原因类型分布

按照锐思金融研究数据库的划分，违规处罚原因可以归纳为两种属性：一种是信息披露违规；另一种是公司运营违规。其中，信息披露违规主要包括信息披露虚假、信息披露遗漏、信息披露延误等问题；公司运营违规主要包括违规发行、违规担保、违规投资证券等问题。这种分类方式也被较多学者所采用（权小锋等，2016；滕飞等，2016）。由图3-5可以看出，2008~2017年我国上市公司违规处罚类型以公司运营违规为主，51.25%（1643家）的公司披露出该类型的违规；信息披露违规的比例为31.82%（1020家公司），另外，还有占比16.94%（543家）的公司在同一年同时因为两种违规原因类型受到处罚。

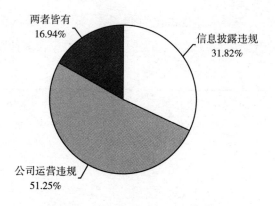

图 3 - 5　违规处罚原因类型分布

资料来源：锐思金融研究数据库重大事项违规处罚统计表。

另外，违规处罚原因类型的分类方式参照证监会的分类，分为信息披露违规、经营违规，以及领导人违规（孟庆斌等，2019）。其中，信息披露违规包括 7 个次类：虚构利润、虚列资产、虚假记载、推迟披露、重大遗漏、披露不实、一般会计处理不当；经营违规包含 5 个次类：出资违规、擅自改变资金用途、占用公司资产、违规担保和其他；领导人违规包括 3 个次类：内幕交易、违规买卖股票、操纵股价。本章按照以上违规分类方式分析，由图 3 - 6 可以看出，信息披露违规所占比例为 60.4%，经营违

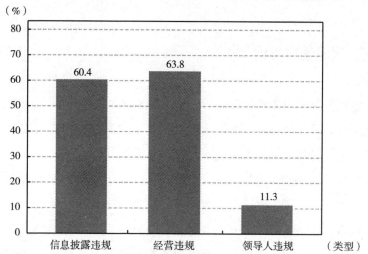

图 3 - 6　违规处罚原因类型分布

资料来源：锐思金融研究数据库重大事项违规处罚统计表。

规占比为 63.8%，领导人违规占比为 11.3%。三种违规类型比例的总和超过 100%，这是因为某些公司发生的违规行为可能包含多种原因类型。

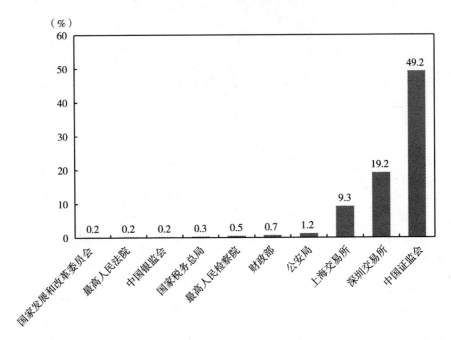

图 3-7　违规处罚机构

资料来源：锐思金融研究数据库重大事项违规处罚统计表。

五、违规处罚机构

从违规处罚机构来看，图 3-7 列示出 2008~2017 年间对于我国上市公司违规行为进行处罚最多的前十大机构。可以看到，违规上市公司受到中国证监会处罚的比例最高，达到 49.2%，其次为深圳交易所（处罚比例为 19.2%）和上海交易所（处罚比例为 9.3%）。由于沪深两所均为证监会下属机构，因此可以把这三个数据合并，整体来看违规上市公司中受到证监会处罚的比例达到 77.7%。证监会作为统一监督管理我国证券期货市场的国务院直属机构，体现了在维护资本市场秩序及保障其合法运行方面的核心作用。除了证监会之外，公安局、财政部、最高人民检察院、国家

违规处罚
对企业并购的影响研究

税务总局、银监会、最高人民法院、国家发展和改革委员会等有权机关也依法行使对上市公司的监管职责。

六、违规处罚方式

针对上市公司的违规行为，证监会及其他有权机关的处罚措施包括若干种类，图3-8列示出最为常见的几种处罚措施。其中，限期整顿排名第一，所占比例为36.8%，其次的几种处罚方式分别为警告（占比13.1%），立案调查（占比7%），致歉（占比5.8%），批评（占比4.3%），谴责（占比2.2%），市场禁入（占比0.9%），判刑（占比0.3%），入驻稽查（占比0.1%）等。

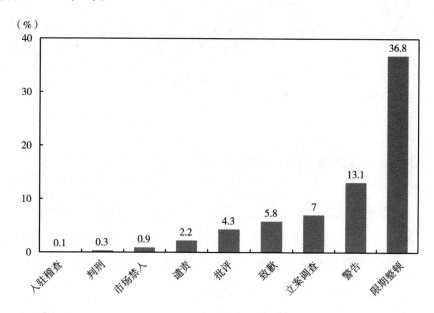

图3-8　违规处罚类型分布

资料来源：锐思金融研究数据库重大事项违规处罚统计表。

除以上处罚方式之外，证监会及其他有权机构还可能依据事件的特征情况对于违规上市公司进行罚款处罚。本章针对违规罚款情况进行分析和介绍，如图3-9所示。根据2008～2017年的违规情况，本章样本的所有违规上市公司中，有2543家公司未受到罚款处罚，占所有违规公司比重为

79.32%；而受到罚款的公司相对较少，仅为663家，占比为20.68%。对罚款样本进行分析，有273个样本中违规行为是针对违规公司进行罚款，占所有违规样本的比重为8.52%；有168个样本的违规行为针对违规个人（主要是管理层）进行罚款，占比为5.24%；也有222个样本中的违规行为是同时针对公司和个人罚款，占比为6.93%。

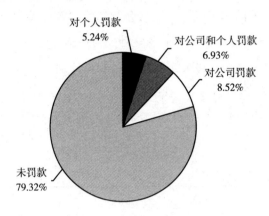

图3-9　违规罚款类型分布

资料来源：锐思金融研究数据库重大事项违规处罚统计表。

七、上市公司违规处罚次数

违规处罚次数可以从一个侧面反映出监管处罚的效果，如果监管处罚能够降低公司违规的概率，那么可以说明监管处罚是有效的。因此，本章尝试分析并介绍2008~2017年上市公司违规处罚的次数差异。按照前面的介绍，在样本期间有1788家公司受到违规处罚。由图3-10可以看出，其中934家公司仅受到一次违规处罚，占所有违规处罚公司的比重为52.24%；受到两次违规处罚的企业有481家，占比为26.9%。可以看出监管处罚具有一定效力，少于两次违规处罚的公司占据所有样本的比例接近80%。受到三次和四次违规处罚的公司分别为232家（占比12.98%）和105家（占比5.87%）。受到违规处罚次数最多的公司有2家，在十年间分别发生了7次和9次违规，属于"屡教不改"型。

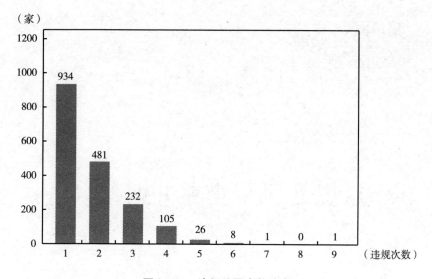

图 3 - 10　违规处罚次数分布

资料来源：锐思金融研究数据库重大事项违规处罚统计表。

　　整体来看，本章不仅从监管机构、监管法律法规、处罚措施等方面介绍了上市公司监管及处罚的制度背景，也对于我国 A 股上市公司 2008 ~ 2017 年违规处罚情况，如年度分布、违规处罚机构、处罚原因等要素进行了介绍。本章基于我国背景下企业违规处罚的现实状况，分析了监管机构通过"严格处罚 + 注重披露"的方式实施有效监管的合理性，但是从另外一个角度来看，违规处罚对于企业造成的影响，尤其是对于企业声誉方面的影响更为严重，会促使违规企业在随后主动采取措施应对和修复声誉的行为。本章的内容为理解在后续章节中所关注的声誉修复问题提供了帮助。

违规处罚与企业并购倾向

本章提出企业在因违规处罚产生声誉损失的情境下，会出于声誉修复的动机发起并购活动，并且相比于国有企业，非国有企业在遭受违规处罚时，其借助并购活动修复声誉的动机更强，因而非国有企业违规处罚对企业并购的正向影响更加显著。进一步的研究还发现，不同程度和类型的违规处罚事件对于企业的声誉修复行为会有不同的影响。

第一节　问题提出

上市公司违规行为损害了以股东为代表的利益相关者权益，对于资本市场的存在和效率都可能产生严重威胁（Amiram et al.，2018）。党的十九大部署的"完善市场监管体制"，把加强和改善市场监管、营造公平有序的市场环境当作建立现代化经济体系的重要任务。针对企业的违法违规行为，证监会和证券交易所可以依据相关法律法规和国务院的授权，对公司进行立案调查并向证券市场公开发布违规处罚公告。监管机构把揭示违规行为当作重要的惩罚手段，也期望帮助利益相关者识别风险并作出适当的决策。

由于监管机构的处罚决定都是经过了反复调查取证后的结果，违规处罚信息的公开披露等于向资本市场传递了一个真实而可靠的信号，而市场中的利益相关者通过这个信号会修正其关于违规公司发展前景的看法，这必然对公司产生一定影响。相关研究普遍认同违规处罚会损害公司声誉（Karpoff et al.，1993；Johnson et al.，2014），改变顾客、供应商和投资方等利益相关者与公司之间的信任关系以及愿意与公司合作的合同条款（陈运森和王汝花，2014；Karpoff et al.，2008），对于公司价值有负向影响（Agrawal et al.，1999），甚至会导致公司破产、退市、被兼并等（Beasley et al.，1999）。

从另一视角来看，违规公司在受到监管处罚后，不仅会被动地受到各种负面影响，也会主动地采取措施进行应对，挽回利益相关者的信任，以保障企业正常经营和未来发展。这样的应对包括了有针对性的对于违法违规行为的整改，也包括了违规公司在财务决策等方面的调整。事实上，组织如何应对破坏信任事件已成为学术界和实务界普遍关注的问题（Barnett and Pollock，2012），相关致力于违规事件后的声誉修复的研究发现，公司会采取措施直接整改违规行为（Marciukaityte et al.，2006；Wilson，2008），也会采取一些其他非违规相关的公司行为进行应对，如进行慈善捐赠、更名等（李晓玲等，2017；谢红军等，2017；Xia et al.，2019）。作为企业最重要的财务决策之一，投资决策是否会在受到监管处罚后受到影响呢？在投资决策中，并购是公司快速而有效的扩展规模、实现多元化经营、获取新技术以及提升品牌价值的渠道，同时在我国，并购往往可以给公司带来正面的市场评价（冯根福和吴林江，2001；宋贺和段军山，2019）。公司的并购决策是否会受到违规处罚的影响呢？从已有文献来看，袁和张（2016）、奥托雷等（2014）基于美国资本市场的数据，发现披露违规后的声誉损失导致企业筹资能力下降，投资活动以及并购活动会因为得不到足够的资金支持而缩减。顾小龙等（2017）基于我国资本市场的数据，却发现我国公司被处罚后反而会进行过度投资，期望通过这样的方式对冲和弥补监管处罚造成的负面冲击并修复受损声誉。这两种类型的文献虽然并没有直接地研究基于中国情境下，企业在受到监管处罚后并购活动的变化，但也体现了相关领域的学者对于监管处罚后企业在投资领域"被动"受到影响和"主动"应对的不同思路。显然，企业违规后并购活动的变化取决于声誉损失与修复声誉两种力量的共同作用，其最终结果需要进一步探索。

本章把在我国资本市场中受到广泛关注的企业并购活动纳入违规经济后果的分析框架，主要有以下几个原因：第一，并购属于企业的投资活动，企业违规处罚改变了利益相关者愿意与公司合作的合同条款（Karpoff et al.，2008），生存和发展环境的恶化不仅会对企业投资活动产生影响，也促使企业调整其投资策略，这是企业违规后经济后果的重要研究内容。第二，并购是上市公司最为关键的决策之一，决定着公司的资产配置、商业运营和发展前景（Madura and Ngo，2010）。相比于其他投资活动，并购重组能够作为一种较为强烈的信号去修正投资者对于违规披露信息的看法。第三，在中国资本市场上，并购被认为是企业做大做强、提升效能的捷径。在受到监管处罚的情况下，企业发起并购能够展现其发展的积极态度和良好的财务状况，在恢复企业形象，修复与利益相关者之间的信任关系方面起到重要作用。

致力于分析违规处罚对于企业并购决策的变化及其内在逻辑，本章的研究意义在于：第一，已有的文献更多关注违规处罚带来的声誉损失对企业的影响及其作用途径（冯延超和梁莱歆，2010；刘星和陈西婵，2017；张学勇和张秋月，2018；Armour et al.，2017），本章以并购为切入点研究了企业面对声誉价值变动时的主动反应，对于违规的经济后果进行了拓展和延伸；第二，对我国企业并购动因的研究发现西方国家的并购理论在解释我国上市公司行为时出现诸多不符（汪炜和陆帅，2015），本章基于中国资本市场的现状，提供了一种新的行为视角去理解和评估公司的并购动机（Shi et al.，2017），对相关文献进行有益的补充；第三，从违规影响的时间长度来看，现有研究重点分析了违规之后短期内（违规当年或违规次年）的经济后果，而违规造成的声誉损失可能会持续较长时间（Chava et al.，2010，2018）。基于声誉损失的持续性，本章不仅考察了企业违规之后短期的经济活动，在进一步分析中也从更长的时间范围内发现了违规对企业经济活动的影响，从企业应对的角度印证了声誉修复的难度。

第二节　理论分析与研究假设

一、企业违规处罚的负面后果及其应对措施

在我国资本市场发展和完善的过程中，市场中的各种违规"乱象"也频繁出现，如何加强法治建设成为关注的焦点。针对上市公司的违法违规行为，证监会及下属执法机构依法履行监管职责，不断加大打击力度。2008～2017年，因违规被处罚的上市公司数量持续增加，2008年仅有58家公司受到违规处罚，到了2017年，这个数据变为555家，增长比例高达856.9%。[①] 十年间拥有不良违规记录的公司有1788家，甚至达到上市公司总数的55.51%[②]，成为值得关注的一个群体。为使投资者充分了解公司违规信息，以及加强监管的惩罚力度，证监会发布了《上市公司信息披露管理办法》，明确指出当"公司涉嫌违法违规被有权机关调查，或者受到刑事处罚、重大行政处罚；公司董事、监事、高级管理人员涉嫌违法违纪被有权机关调查或者采取强制措施"时，上市公司应当立即发布临时公告进行披露，"说明事件的起因、目前的状态和可能产生的影响"。随着信息技术的不断进步，企业披露的违规信息能够通过各种正式和非正式渠道传播，其影响深度和广度都超越以往。

在这样的背景下，企业违规处罚的负面后果值得深入研究。已有的关于违规处罚负面后果的文献从两个不同的角度进行了分析。

一个视角是关注违规处罚给企业带来的损失。这样的损失不仅包括了罚金、市场禁入及法律费用增加等直接损失，更为严重的是传递负面声誉

[①]　该数据由锐思金融研究数据库重大事项违规处罚数据整理得出，具体数据如图3-1所示。

[②]　该数据由锐思金融研究数据库重大事项违规处罚数据整理得出。上市公司总数为2008～2017年上市公司数量的均值。

信号而带来的间接损失（Karpoff et al.，2008；Liebman and Milhaupt，2008）。声誉代表了利益相关者对企业目标和履行承诺能力的集体期望（Chakravarthy et al.，2014），当企业的声誉资本受损后，企业价值明显下降（杨忠莲和谢香兵，2008；Burns and Kedia，2006），企业与投资者、债权人及客户等利益相关者之间的信息不对称程度增加，改变他们愿意与公司合作的合同条款（陈运森和王汝花，2014；辛清泉等，2019；Kravet and Shevlin，2010）。综合来看，企业违规后声誉损失的负面影响要远大于行政处罚成本（Karpoff and Lott，1993；Liebman and Milhaupt，2008）。

另一个视角的文献关注违规处罚后企业的应对策略，其中最关键的是对其声誉的主动修复行动。组织的不当行为将利益相关者置于危险之中，利益相关者可能会撤回其支持和资源，从而阻碍组织生存和成功的机会（Elsbach，2003）。在违反利益相关者期望的情况下，企业必须学会管理利益相关者对企业行为的看法（Zavyalova et al.，2012），采取措施修复声誉及挽回信任关系。查克拉法思等（2014）发现在财务报告丑闻（如严重的会计重述）之后，企业声誉建设行动的频率会增加，而这样的声誉建设行动不仅针对资本提供者，还针对公司的客户、员工和社区。菲尔等（2008）概括了公司在不当行为发生后与利益相关者"重新融入"的过程，这一过程一般需经历"披露（违规）—解释（原因）—忏悔（处罚）—修复（补救）"四个阶段。其中，修复阶段是一个长期且关键的阶段，不仅包括企业内部的改善，如重建组织的技术、人力、基础设施等方面（Pearson and Mitroff，1993），改善公司治理（Chakravarthy et al.，2014；Marciukaityte et al.，2006），调整董事会（Faber，2005），更换管理层或审计师（Singer，2004；Wilson，2008），也包括与内部改善相一致的外部"新形象"塑造，如注重更名、慈善捐赠和实施其他企业社会责任措施等（Campbell，2007；Koehn and Ueng，2010）。

综上所述，当公司受到违规处罚后，利益相关者会积极寻求有关该公司的新信息，并重新调整他们对该公司的印象，因此，对于声誉损失采取不同的应对行为可影响利益相关者认知的负面影响。但是不管如何，公司在不当行为之后的积极反应表明公司处于控制之中，并致力于解决问题，对于帮助公司从错误行为的后遗症中得到恢复是有效的（Zavyalova et al.，2012）。大多数研究也认为，企业声誉修复活动能够有助于企业价值或绩效的改善（Amiram et al.，2018；Gillespie et al.，2014；Wilson，2008）。

在中国的监管情境下，随着违规惩罚力度不断加强，企业违规后果也持续加重，部分上市企业已经意识到维持良好的声誉对企业经营的重要性。当企业因违规处罚受到声誉损失之后，如何减少因此引发的利益相关者的敌意，以及修复受损声誉是非常关键的议题。从企业修复声誉的措施来看，处于"新兴＋转型"阶段的中国市场可能具有不同于发达市场的独特逻辑。已有文献发现，我国企业可能通过变更高管（醋卫华，2011）、增加慈善捐赠（李晓玲等，2017；Xia et al.，2019）、自愿发布社会责任报告（车笑竹和苏勇，2018），甚至采取企业更名（谢红军等，2017）等方式对声誉价值的变化进行主动应对。这些措施虽然囊括了菲尔等（2008）的研究中所指出的内部和外部的改善行为，但也有其独特之处：较少直接和有针对性地改进公司问题（如改进企业内部流程、内控体系等），更多注重能够通过各种新闻和公告的形式进行披露的间接措施（如捐赠、更名等）。这些措施公开性强，容易被利益相关者观察到，进而影响投资者和社会公众对企业的感知，帮助塑造新的企业形象。可以说，在我国背景下，违规企业更倾向于选择向外界传递强而有力的正面信号，依靠一系列新的信息与利益相关者重新建立对话并传达相互理解的需求，进而淡化负面信息的不良后果。

然而，舒和王（Shu and Wong，2018）认为声誉修复具有路径依赖，即以往负面事件对组织行为可能产生"印记效应"。如果企业受到违规处罚之后立即表现出超越社会期望和规范的良好行为，如慈善捐赠，利益相关者会经历认知失调，进而产生怀疑的态度。在最坏的情况下，利益相关者可能不信任捐赠者的真实动机，并将这种良好行为解读为一种不真诚的表现。车笑竹（2018）也发现，企业在违规后发布社会责任报告是迎合公众喜好的逢迎和应急策略，公众有理由对该社会责任报告的可信度和披露动机产生疑虑。

二、研究假设

越来越多的学者发现，企业并购是影响声誉的方式之一。金等（2011）认为进行更多并购可能与满足投资者的高期望有关。海勒波连等（2017）、王雅茹和刘淑莲（2020）也认为，高声誉的企业会通过并购活动来满足利益相关者对企业发展的高期望，以维护企业声誉。而石等（2017）从高声誉的反面视角，认为在竞争锦标赛中，那些未能获得荣誉的 CEO 会更倾向于发起并购交易，因为并购为这些 CEO 提供了一个有效的渠道，在短期内提升他们的社会认可度和地位。顾小龙等（2017）基于研究发现，我国公司在受到违规处罚后会过度投资，期望通过这样的方式对冲和弥补监管处罚造成的负面冲击并修复受损声誉。

相比于采用慈善捐赠等社会责任行为进行声誉修复，首先，企业并购需按照中国证监会发布的并购重组信息披露规则①，通过发布临时公告的形式披露并购交易信息，能够更为快捷地与利益相关者交流与沟通；其次，并购是一种专注于公司业务的长期战略投资活动，由于其成本相对较高，能够更为有力地体现公司实力及声誉修复的可信度；最后，并购需涉及多方的利益相关者，并购过程是企业积极和深入地与多方利益相关者展开沟通对话和建立实质关系的渠道，有利于扩大声誉修复的范围。

在现实中，我们意识到，企业通过发起并购来进行声誉修复的案例也屡见不鲜。

脸书（Facebook）②、神马股份③、光明乳业④等公司在发生丑闻，或被

---

① 《公开发行证券的公司信息披露内容与格式准则第 26 号——上市公司重大资产重组（2014 年修订）》。

② Facebook 拟收购大型网络安全公司，以修复受损声誉（https://www.sohu.com/a/270457843_114774），其他资料来自新浪网、搜狐网等国内权威媒体。

③ 公司部分高管前期受到证监会行政处罚，神马股份重组被上交所质疑（http://www.chinaipo.com/ma/98658.html）。

④ 光明乳业靠收购企业提升业绩，却又砸了自己的脚？（https://www.sohu.com/a/122042730_327889）。

披露出因违规问题受到监管机构的处罚后，都加快了其并购步伐。从以上案例可以看出，负面事件的发生会对企业声誉造成极大冲击，进而带来利益相关者关系恶化以及由此带来的业绩下滑等连锁负面后果。声誉是与企业生存和发展紧密相关的、极为重要的（账外）无形资产，在声誉资本遭到损害后，企业会通过多种方式对受损声誉进行修复，与此同时，通过并购注入"强心剂"可能是企业考虑的重要决策。无论这样的并购能否真正完成，发起并购都是企业重要的声誉修复方式之一。

具体而言，对于违规企业而言，发起并购被当作短期内修复声誉的有效方式可能是基于以下原因。

首先，当负面事件发生之后，媒体和利益相关者会寻求有关该公司的新信息，并重新调整他们对该公司的印象（Taylor，1991）。并购是上市公司最重要的投资决策之一，往往会受到投资者、媒体和社会公众的广泛关注（Vaara and Monin，2010；Vaara and Tienari，2002）。企业发布的并购信息是连接并购企业与其利益相关者之间的桥梁（Haspeslagh，1991），并购信息的有效传递能够帮助并购企业获取信任，有利于促进与利益相关者的有效融合（王艳和李善民，2017）。违规企业发布的并购信息能够作为一种较为强烈的信号表明公司投资新项目并积极作为，在转移利益相关者的注意力、避免违规信息的持续发酵及修正利益相关者对于企业的看法方面起到正面作用。

其次，违规之后企业面临的预期营运现金流减少（陈运森和王汝花，2014；Yuan and Zhang，2016）和银行信贷决策的调整（刘星和陈西婵，2018）可能使利益相关者对于企业未来财务状况产生怀疑。而发起并购交易的企业在交易准备时期就要投入大量资源（Muehlfeld et al.，2007），也意味着可能的并购对价的支付，这样的并购决策需要在保证有可支配的财务资源的情况下才会做出。加之我国上市公司的并购大多数是以现金支付的方式进行（张芳芳和刘淑莲，2015），发起并购能够在一定程度上表明并购方资金较为充裕，即使是债务融资并购，也间接说明并购方具有较强的融资能力。因此，在受到监管处罚后发起并购，可以表明公司财务状况良好，对未来业绩持有积极态度，进而保护公司的声誉。尤其是对于违规企业来说，他们正处于一种声誉损失的状态，会更加愿意采取短期内就能增强公司声誉的行为。

并购能够在短期内有效增强利益相关者对公司未来发展的信心，满足利益相关者的期望（Haleblian et al.，2017；Shi et al.，2017），对于因违规造成声誉损失的企业而言，更有动机利用并购进行声誉管理，实现短期内的快速声誉修复。本书提出以下研究假设。

假设4-1：企业在违规处罚后，更倾向于发起并购，其并购频率更高，并购规模也更大。

第三节　研究设计

一、样本选择与数据来源

本章选取2008~2017年中国A股上市公司作为初始样本，并按以下标准筛选：（1）在并购事件选择中，仅保留上市公司为买方的并购事件；（2）由于模型中部分变量的计算需用到前一年的年报财务数据，剔除当年刚上市公司的样本；（3）剔除金融机构，特别处理（ST）公司样本；（4）违规数据中剔除包含问询函和关注函的事件①；（5）剔除数据不全的样本。最终样本涉及10年间3040家上市公司的22988条观测数据。本章使用的企业违规数据来源于锐思金融数据库（RESSET）重大事项违规处罚统计表，并购数据来源于万得数据库（Wind）。公司财务数据来自万得数据库和国泰安数据库（CSMAR）。为了剔除异常值的影响，本章对连续变量在1%和99%水平上进行缩尾处理。

---

① 锐思金融研究数据库（RESSET）的重大事项违规处罚统计表中把证监会和证交所出具的问询函和关注函也考虑在违规事件中，但是关于这两类情况是否真正属于违规，在学术界存在不同意见。因此，本章在统计违规样本时删去了这两种情况。本章也在稳健性检验中加入这两类情况进行分析，结果没有显著差异。

二、变量定义和模型设计

（一）被解释变量

参考赖黎等（2017）和陈仕华等（2015）的研究，本章的被解释变量包括，分别是：是否并购（$MAyes$）、并购频率（$MAcount$）和并购规模（$MAamount$）三种衡量方式。其中，是否并购为虚拟变量，如果公司当年作为主并方发起了并购，则取值为 1，否则为 0；并购频率为连续变量，以公司当年作为主并方发起并购的次数衡量；并购规模为企业当年作为主并方发起并购的交易对价总额加 1 之后取对数衡量。三个被解释变量能够从不同的角度衡量企业的并购倾向。由于并购倾向考察企业发起并购的情况，因此根据并购首次宣告日定义并购所属年度。

（二）解释变量

参考顾小龙等（2017）和夏等（2019）研究，违规处罚变量为企业上年是否受到违规处罚，根据锐思金融数据库中重大事项违规处罚数据，如果公司上一年被披露有违规处罚，则取值为 1，否则定义为 0。一年发生多次违规处罚的情况不累计。在违规相关的文献中，也有部分学者把违规定义为企业当年是否受到违规处罚（陈运森和王汝花，2014；李维安等，2017），采用上年的数据可能具有两个优势：一是某些上市公司在受到违规处罚后，需要一段时间调整并购策略，以及寻找并购目标、进行尽职调查和签订初步并购协议，因此，采用上年数据为研究违规处罚与企业并购的影响关系提供了更为充分的时间保证；二是该数据也能在一定程度上避免违规处罚与企业并购的交互影响，缓解内生性问题。本章所称违规企业为上年有违规处罚情况的企业。

（三）控制变量

控制变量参照已有文献的研究（赖黎等，2017；Yuan and Zhang，

2016)，包含了公司规模（*Size*）、盈利能力（*ROA*）、资产负债率（*LEV*）、Z 值（*Zscore*）、经营现金流（*OCF*）、成长性（*Growth*）、董事会规模（*Board*）、独立董事比例（*Independ*）、分析师关注度（*Analyst*）、两职合一（*Dual*）和股权性质（*SOE*）。另外，同时控制了年份（*Year*）和行业（*Industry*）变量。具体变量符号和定义见表 4 – 1 变量的定义与说明。

（四）模型设计

构建模型 4 – 1，检验违规处罚对公司并购的影响（假设 4 – 1）。由于被解释变量中的是否并购为虚拟变量，采用逻辑模型（Logit）进行参数估计。逻辑模型的公式为：

$$P(i) = \frac{1}{[1 + e^{-\beta X(i)}]} \qquad (4-1)$$

公式（4 – 1）的 $P(i)$ 表示企业发起并购的概率；e 表示指数函数；β 为自变量的回归系数；$X(i)$ 代表着自变量向量，包括解释变量（*Fraud*）和所有控制变量。被解释变量中的并购频率（*MAcount*）和并购规模（*MAamount*）为连续变量，使用普通最小二乘法（OLS）模型进行估计。为了避免内生性的影响，所有的控制变量均采用滞后一期处理。同时，为了缓解公司层面的序列相关问题，本章对所有回归系数的标准误在公司层面上进行了聚类稳健处理。

$$
\begin{aligned}
MA_{i,t} = {} & \beta_0 + \beta_1 Fraud_{i,t-1} + \beta_2 Size_{i,t-1} + \beta_3 ROA_{i,t-1} + \beta_4 LEV_{i,t-1} \\
& + \beta_5 Zscore_{i,t-1} + \beta_6 OCF_{i,t-1} + \beta_7 Growth_{i,t-1} + \beta_8 Board_{i,t-1} \\
& + \beta_9 Independ_{i,t-1} + \beta_{10} Analyst_{i-1} + \beta_{11} Dual_{i,t-1} + \beta_{12} SOE_{i,t-1} \\
& + Yeardummy + Industrydummy + \varepsilon_i \qquad (4-2)
\end{aligned}
$$

表 4 – 1   变量的定义与说明

变量名称	变量符号	变量定义与说明
被解释变量		
并购倾向	*MAyes*	企业当年是否作为主并方发起并购。如发起并购则赋值为 1，未发起并购则赋值为 0
并购频率	*MAcount*	企业当年作为主并方发起并购的次数
并购规模	*MAamount*	企业当年作为主并方发起并购的对价总额加 1 取对数

变量名称	变量符号	变量定义与说明
被解释变量		
违规处罚	*Fraud*	衡量企业上一年是否有违规处罚记录,有则为1,否则为0
控制变量		
公司规模	*Size*	采用企业总资产的自然对数衡量
盈利能力	*ROA*	采用净利润除以上一年总资产衡量
资产负债率	*LEV*	采用企业总负债除以总资产乘以100衡量
Z值	*Zscore*	衡量企业的财务状况和破产风险,参考奥尔特曼(Altman,1968),Z值的计算公式为:[3.39×税前收入+销售收入+1.49×留存收益+1.29×(流动资产-流动负债)]/总资产
经营现金流	*OCF*	采用企业的经营现金流量除以上一年总资产衡量
成长性	*Growth*	采用当年与上年主营业务收入的差额除以上年主营业务收入衡量
董事会规模	*Board*	采用董事会人数的自然对数衡量
独董比例	*Independ*	采用独立董事占所有董事的比例衡量
分析师关注度	*Analyst*	采用跟踪分析的分析师(团队)数量取对数衡量
两职合一	*Dual*	企业的董事长和总经理是否为同一人担任,有则为1,否则为0
国有企业	*SOE*	衡量企业的产权性质。国有企业赋值1,否则为0

第四节　实证结果分析

一、描述性统计

从表4-2中可以看到,2008~2017年我国平均有38.6%的上市公司作为主并方发起了并购交易;平均并购频率为0.688,其中最小值为0,最大值为6;并购规模平均为3.634,最小值为0,最大值为13.53。从违规处罚情况来看,每年平均有11.5%的企业受到违规处罚。从控制变量来看，样本中公司规模均值为 21.760，最小值为 18.89，最大值为 26.93；企业盈利能力均值为 0.063，最小值为 -0.189，最大值为 0.479；企业的资产负债率均值为 44.87%，最小值为 4.654%，最大值为 110.9%，负债程度在较为合理的范围之内；Z 值的均值为 7.41，最小值为 -0.236，最大值为 60.34，中位数为 3.844，中位数和均值都大于 2.99 的临界值，说明样本企业整体来看财务状况较为良好，破产的可能性相对较小。另外，上市公司中独立董事平均比例为 36.8%，最小值为 25%，最大值为 57.1%，某些企业可能没有达到规定的独立董事比例（1/3）；样本中有 24.9% 的企业存在两职合一的情况；国有企业平均占比为 40.6%。

表 4 - 2　　　　　　　　　　　　　描述性统计

变量	观测值	均值	标准差	最小值	中位数	最大值
并购倾向	22988	0.386	0.487	0.000	0.000	1.000
并购频率	22988	0.688	1.151	0.000	0.000	6.000
并购规模	22988	3.634	4.896	0.000	0.000	13.530
违规处罚	22988	0.115	0.319	0.000	0.000	1.000
公司规模	22988	21.760	1.340	18.890	21.620	26.930
盈利能力	22988	0.063	0.090	-0.189	0.047	0.479
资产负债率	22988	44.870	22.430	4.654	44.200	110.900
Z 值	22988	7.410	10.310	-0.236	3.844	60.340
经营现金流	22988	0.046	0.081	-0.216	0.045	0.291
成长性	22988	0.071	0.324	-1.643	0.105	0.824
董事会规模	22988	2.267	0.180	1.792	2.303	2.773
独董比例	22988	0.368	0.053	0.250	0.333	0.571
分析师关注度	22988	8.180	9.059	0.000	5.000	41.000
两职合一	22988	0.249	0.432	0.000	0.000	1.000
国有企业	22988	0.406	0.491	0.000	0.000	1.000

　　　表 4 - 3 显示了主要回归变量的皮尔逊（Pearson）相关系数。可以看

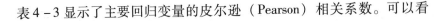

违规处罚
——对企业并购的影响研究

到违规处罚的变量和企业并购的三个变量之间均呈现正相关关系，且都在1%的水平上显著，即违规企业更倾向于发起并购，其并购规模也相对更大。企业规模（*SIZE*）与企业是否并购、并购频率以及并购规模均呈显著正相关关系，表明企业规模越大，企业越倾向于发起并购。盈利能力、Z值、成长性与企业是否并购以及并购频率呈显著正相关关系，表明企业盈利能力和成长性越高，财务状况越好，企业能够得到足够的资金支持，则会越倾向于发起并购。企业的资产负债率与企业是否并购之间呈现负相关关系，表明企业负债程度越高，越不倾向于发起并购。另外，独立董事比例越高、分析师跟踪度越高及两职合一的公司越倾向于发起并购，而董事会规模较大的企业和国有企业（*SOE*）不倾向于发起并购。

在表中，其他自变量之间的相关系数均没有超过0.7的临界值，不会出现严重的多重共线性问题影响本章的回归分析。本章也对所有的自变量进行了使用方差膨胀因子（VIF）的多重共线性检验，发现平均方差膨胀因子为1.36，所有的方差膨胀因子值都没有超过2，同样不存在严重的多重共线性问题。

表4-4通过均值显著性差异检验（T检验）分析违规处罚对企业并购倾向、并购频率和并购规模的影响。按照企业上一年是否有违规处罚记录把企业分为未违规组（*Fraud* = 0）和违规组（*Fraud* = 1），分别计算企业并购的均值并进行均值显著性差异检验。结果发现，从是否并购来看，未违规样本组均值为0.376，违规样本组均值为0.462，两组差值为－0.086，T值为－8.582（在1%水平上显著）。从并购频率来看，未违规样本组均值为0.667，违规样本组均值为0.852，两组差值为－0.185，T值为－7.778（在1%水平上显著）；从并购规模来看，未违规样本组均值为3.534，而违规样本组均值为4.405，两组差值为－0.872，T值为－8.621（在1%水平上显著）。说明违规企业更倾向于发起并购，发起更多并购，以及发起规模更大的并购，均值显著性差异检验的结果支持了假设4-1。

违规处罚 对企业并购的影响研究

表 4－3 　相关性检验

变量	(1)	(2)	(3)	(4)	(5)	(6)	(7)	(8)	(9)	(10)	(11)	(12)	(13)	(14)	(15)
(1) 并购倾向	1														
(2) 并购频率	0.754***	1													
(3) 并购规模	0.936***	0.765***	1												
(4) 违规处罚	0.057***	0.051***	0.057***	1											
(5) 公司规模	0.132***	0.160***	0.160***	0.010	1										
(6) 盈利能力	0.018***	0.030***	0.006	-0.105***	-0.108***	1									
(7) 资产负债率	-0.026***	-0.003	-0.007	0.035***	0.351***	-0.344***	1								
(8) Z值	0.040***	0.025***	0.028***	0.010	-0.324***	0.297***	-0.611***	1							
(9) 经营现金流	-0.031***	-0.030***	-0.032***	-0.060***	-0.011	0.316***	-0.146***	0.075***	1						
(10) 成长性	0.071***	0.085***	0.070***	-0.040***	0.006	0.128***	-0.069***	0.066***	0.026***	1					
(11) 董事会规模	-0.023***	-0.019***	-0.022***	-0.038***	0.268***	-0.058***	0.139***	-0.149***	0.028***	-0.009	1				
(12) 独董比例	0.035***	0.032***	0.042***	0.021***	0.031***	-0.007	-0.021***	0.055***	-0.039***	0.009	-0.406***	1			
(13) 分析师关注度	0.090***	0.114***	0.093***	-0.073***	0.317***	0.354***	-0.078***	0.047***	0.233***	0.193***	0.111***	0.005	1		
(14) 两职合一	0.034***	0.046***	0.029***	0.014	-0.185***	0.117***	-0.152***	0.135***	0.002	0.043***	-0.172***	0.095***	0.019***	1	
(15) 国有企业	-0.106***	-0.110***	-0.096***	-0.067***	0.357***	-0.189***	0.288***	-0.237***	0.009	-0.059***	0.263***	-0.053***	-0.012*	-0.287***	1

注：* 为 p<0.1，** 为 p<0.05，*** 为 p<0.01。

表 4 –4 均值显著性差异检验

变量	未违规组 = 0		违规组 = 1		差异	T 值
	观测值	均值	观测值	均值		
是否并购	20349	0.376	2639	0.462	– 0.086 ***	– 8.582
并购频率	20349	0.667	2639	0.852	– 0.185 ***	– 7.778
并购规模	20349	3.534	2639	4.405	– 0.872 ***	– 8.621

注：均值显著性差异的检验方法是 T 检验。

为更直观而清晰地展示违规处罚与企业并购的关系，本节通过绘制图形的方法对比违规企业与未违规企业在发起并购方面的差异。仍然是按照企业上一年是否有违规处罚记录把企业分为未违规企业和违规企业。图 4 – 1 报告了按照年份对比的两类企业在发起并购数量方面的均值差异，使用的样本为本章的所有样本。图 4 – 1 中，实线为违规企业在样本期间内每年并购数量的均值，虚线为未违规企业每年均值。可以发现，我国企业并购交易数量呈现逐年上升的趋势，因此对于并购数据分年份考察具有一定的合理性。从不同年份的情况来看，在整个样本区间内，违规企业发起并购的数量普遍高于未违规企业的并购数量，说明了在剔除年份因素的情况下，违规企业是更倾向于发起并购交易的。图形检验的结果是对于均值显著性差异检验的一个更为细致的划分和验证，同样支持了假设 4 – 1。

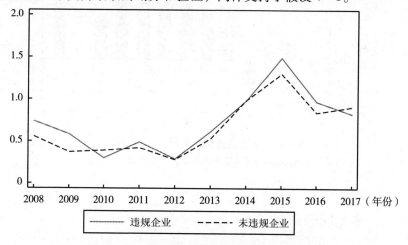

图 4 – 1 违规企业与未违规企业并购数量对比

资料来源：锐思金融研究数据库重大事项违规处罚统计表。

另外，考虑到违规企业在某些公司特征上可能与未违规企业有所不同，本节专门针对违规样本，对比企业在违规处罚前后两个阶段中（前后各6年）并购数量均值方面的差异，以此观测企业在违规处罚后并购决策的调整和变化。如图4-2所示，（1）在样本选择方面，由于企业未受到违规处罚则无法观察其前后差异，该检验仅包括违规样本；（2）如果在样本期内出现多次违规处罚，取第一次违规处罚当年为0期，期数为负代表违规处罚之前，为正代表违规处罚之后；（3）并购次数的衡量，由于我国企业并购交易数量具有逐年上升的趋势，使用当年所有企业并购数量均值进行调整。从图4-2中可以看出，企业在违规处罚之前的并购数量与0刻度线差异不大，说明此时企业在并购倾向上处于正常范围；而违规处罚之后，企业在并购数量方面显著高于违规处罚前的数据，也高于所有企业并购的均值。整体来看，违规处罚之后，企业并购决策方面会发生一定程度的变化，更倾向于发起并购，支持了假设4-1。另外，这种并购倾向的上升趋势在违规处罚之后也具有一段时期的持续性。

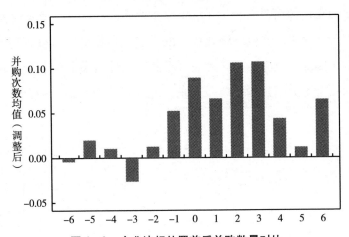

图4-2　企业违规处罚前后并购数量对比

资料来源：锐思金融研究数据库重大事项违规处罚统计表。

二、多元回归分析

　本节通过多元回归分析违规处罚对企业并购的影响（假设4-1），解释变量包括是否并购、并购频率和并购规模。在表4-5的实证结果中，模型（1）、模型（3）和模型（5）不包括所有的控制变量，而模型（2）、模型（4）和模型（6）包含了所有的控制变量进行回归。结果显示，违规处罚与企业并购呈现显著的正相关关系。具体来看，首先，受到违规处罚的企业更倾向于作为主并方发起并购交易；其次，违规处罚企业更倾向于发起数量更多的并购交易；最后，违规处罚企业更倾向于发起规模更大的并购交易。所有结果至少在5%水平上显著，假设4-1再次得到验证，说明违规处罚后企业可能通过发起并购的方式弥补监管处罚所造成的损失。控制变量方面，企业规模与是否并购、并购频率和并购规模在1%统计水平上显著正相关，表明企业规模越大，越倾向于发起并购；Z值和成长性与三个被解释变量在1%统计水平上显著正相关，表明企业财务状况越好，以及有越多的发展机会，会更倾向于发起并购，并购规模也更大；分析师跟踪度越高，企业越倾向于发起并购，并购规模也更大。国有企业发起的并购交易数量更少，规模更小。

表4-5 违规处罚对企业并购影响的实证结果

变量	是否并购		并购频率		并购规模	
	（1）	（2）	（3）	（4）	（5）	（6）
违规处罚	0.116 ** (2.515)	0.142 *** (3.036)	0.064 ** (2.436)	0.079 *** (3.102)	0.237 ** (2.162)	0.273 ** (2.563)
公司规模		0.224 *** (11.427)		0.143 *** (13.020)		0.545 *** (12.573)
盈利能力		0.205 (0.987)		0.202 ** (2.017)		−0.044 (−0.101)
资产负债率		0.000 (0.178)		0.001 ** (2.150)		0.004 * (1.774)
Z值		0.008 *** (3.701)		0.004 *** (3.343)		0.020 *** (4.084)
经营现金流		−1.348 *** (−6.190)		−0.683 *** (−6.490)		−2.604 *** (−5.770)
成长性		0.450 *** (8.170)		0.260 *** (10.711)		0.927 *** (8.369)

变量	是否并购		并购频率		并购规模	
	(1)	(2)	(3)	(4)	(5)	(6)
董事会规模		-0.045 (-0.392)		-0.068 (-1.100)		-0.232 (-0.952)
独董比例		0.197 (0.542)		-0.051 (-0.280)		0.732 (0.965)
分析师关注度		0.016*** (6.688)		0.009*** (6.758)		0.034*** (6.492)
两职合一		0.033 (0.792)		0.065*** (2.809)		0.075 (0.858)
国有企业		-0.559*** (-11.843)		-0.320*** (-13.904)		-1.193*** (-12.652)
截距	-1.166*** (-7.309)	-5.646*** (-11.712)	0.407*** (5.753)	-2.342*** (-9.143)	1.676*** (5.649)	-9.203*** (-8.959)
行业/年份	控制	控制	控制	控制	控制	控制
观测值	22988	22988	22988	22988	22988	22988
伪决定系数	0.060	0.089				
校正决定系数			0.084	0.134	0.086	0.123

注：括号内为 t 值，* 为 p<0.1，** 为 p<0.05，*** 为 p<0.01。

第五节　进一步分析

在进一步分析部分，首先对于违规处罚情况进行细分，从违规的严重程度和违规原因两个方面分析不同类型的违规处罚对于企业并购影响是否具有差异性；其次探讨违规处罚对企业并购决策的影响是短期的调整，还是具有长期效应；最后进一步分析不仅能够为研究结果提供更多和更为深入的信息，也对于研究结果的可靠性进行了一定程度的验证。

一、违规处罚严重程度的分析

信号的传递效果也会受到信号本身特质的影响，因此，违规处罚的严重程度与违规的经济后果具有直接的关系，考察不同程度的违规处罚对企业并购的影响具有价值和重要性。严重违规会造成企业更大程度的负面损失，也更需要企业采取措施避免更大程度的影响。预计严重违规的企业更倾向于通过并购快速而有效地挽回利益相关者的信任和修复声誉。

对于违规处罚严重程度的衡量方面，本章参照陈等（Chen et al.，2005）所采用的方法，从违规后果的角度来倒推违规行为的严重性。因为已有文献中的违规往往指的是监管机构披露出的违规行为，监管机构也会对这些违规采取相应的处罚措施。本章采用这些违规行为的处罚措施来判断该违规的严重程度。其中，如果上市公司被监管部门处以警告、谴责、批评，则看作非严重违规，其他处罚方式（包括限期整顿、市场禁入、入驻稽查、立案调查等）被看作严重违规。按照这样的分类方式可以把违规样本分为严重违规组和非严重违规组，以检验不同的违规严重程度对企业是否并购、并购频率和并购规模的影响。在违规样本处理过程中，同年如果既有非严重违规，也有严重违规，本章将该样本看作严重违规样本。在实证检验中，参考刘行和李小荣（2016）的研究，将样本分为严重违规样本和未违规样本两个部分；非严重违规样本和未违规样本，以便于比较违规严重程度对于并购倾向的影响差异。表 4-6 汇报了实证结果：对于非严重违规的企业，违规并不会带来显著的并购活动的调整，而对于严重违规的企业来说，其违规后更倾向于发起并购、并购频率增加、并购规模也更大，符合本章的预期。

表 4-6　　　　　　　　　违规处罚严重程度分析

变量	是否并购		并购频率		并购规模	
	严重违规	非严重违规	严重违规	非严重违规	严重违规	非严重违规
	（1）	（2）	（3）	（4）	（5）	（6）
违规处罚	0.147 *** (2.878)	0.107 (1.049)	0.093 *** (3.276)	0.009 (0.194)	0.249 ** (2.138)	0.322 (1.427)
公司规模	0.226 *** (11.403)	0.223 *** (10.813)	0.143 *** (12.892)	0.139 *** (12.435)	0.550 *** (12.567)	0.533 *** (11.696)
盈利能力	0.139 (0.662)	0.041 (0.184)	0.194 * (1.913)	0.128 (1.237)	-0.188 (-0.423)	-0.329 (-0.710)

变量	是否并购		并购频率		并购规模	
	严重违规	非严重违规	严重违规	非严重违规	严重违规	非严重违规
	（1）	（2）	（3）	（4）	（5）	（6）
资产负债率	-0.000 （-0.093）	0.000 （0.387）	0.001 ** （1.988）	0.001 ** （2.130）	0.004 * （1.657）	0.005 ** （2.047）
Z值	0.008 *** （3.586）	0.010 *** （4.357）	0.004 *** （3.284）	0.005 *** （3.921）	0.020 *** （4.121）	0.024 *** （4.714）
经营现金流	-1.355 *** （-6.140）	-1.442 *** （-6.329）	-0.682 *** （-6.343）	-0.703 *** （-6.385）	-2.597 *** （-5.690）	-2.812 *** （-5.992）
成长性	0.476 *** （8.400）	0.418 *** （6.952）	0.269 *** （10.776）	0.256 *** （9.900）	0.972 *** （8.620）	0.873 *** （7.315）
董事会规模	-0.027 （-0.235）	-0.032 （-0.271）	-0.053 （-0.860）	-0.078 （-1.261）	-0.194 （-0.799）	-0.219 （-0.881）
独董比例	0.229 （0.625）	0.191 （0.509）	-0.022 （-0.120）	-0.049 （-0.267）	0.820 （1.078）	0.701 （0.909）
分析师关注度	0.016 *** （6.776）	0.017 *** （6.764）	0.009 *** （6.660）	0.009 *** （6.554）	0.035 *** （6.591）	0.035 *** （6.405）
两职合一	0.032 （0.780）	0.034 （0.808）	0.062 *** （2.704）	0.062 *** （2.649）	0.079 （0.898）	0.080 （0.898）
国有企业	-0.557 *** （-11.769）	-0.541 *** （-11.075）	-0.321 *** （-13.860）	-0.303 *** （-13.139）	-1.193 *** （-12.668）	-1.133 *** （-11.678）
截距	-5.750 *** （-11.890）	-5.703 *** （-11.408）	-2.398 *** （-9.306）	-2.278 *** （-8.809）	-9.430 *** （-9.178）	-9.066 *** （-8.514）
行业/年份	控制	控制	控制	控制	控制	控制
观测值	22498	20839	22498	20839	22498	20839
伪决定系数	0.089	0.089				
校正决定系数			0.134	0.133	0.125	0.124

注：括号内为 t 值，* 为 $p < 0.1$，** 为 $p < 0.05$，*** 为 $p < 0.01$。

二、违规处罚原因类型的分析

参考权小锋等（2016）研究，企业违规问题按照其生成机理可以归纳为两种属性：第一，信息披露违规，主要包括信息披露虚假、信息披露遗漏和信息披露延误等种类；第二，经营和交易违规，主要包括违规发行、违规担保、违规投资证券等种类。从本质上来看，只要受到违规处罚，不管其原因类型如何，都会对企业造成负面影响。但是，监管机构和资本市场的利益相关者可能对于违规企业的应对方式提出不同的要求。信息披露违规问题产生的原因主要在于上市公司的信息环境不透明，未能在企业和资本市场之间形成真实、快速和有效的联结渠道。企业可以通过并购交易的披露来减少上市公司与利益相关者之间的信息不对称，达到修复声誉和挽回利益相关者信任的目的。而对于企业经营和交易违规，可能更多的是考虑通过内部控制等手段抑制管理层的机会主义行为动机，以及大股东实施"隧道挖掘"等问题。

因此，本章预期经营和交易违规的企业在投资倾向方面的变化可能弱于信息披露违规的企业。本章把违规样本分为信息披露违规组和非信息披露违规组，检验不同的违规严重程度对企业是否并购、并购频率和并购规模的影响。如果违规公司同年既有信息披露违规也有经营和交易违规，故剔除这样的样本。在实证检验中，将样本分为两个部分：一部分为信息披露违规样本和未违规样本；另一部分为经营和交易违规样本和未违规样本（刘行和李小荣，2016），以便比较不同违规类型对于并购倾向的影响差异。回归结果如表4-7所示，两类违规都会对企业并购倾向产生一定程度的影响，但是比较来看，相对于经营和交易违规的企业，由于信息披露问题违规的企业与是否发起并购、并购频率以及并购规模的系数更为显著，说明信息披露违规的企业更倾向于发起并购，符合本章的预期。

表4-7　　　　　　　　　　违规处罚原因类型分析

变量	是否并购		并购频率		并购规模	
	信息披露违规	经营和交易违规	信息披露违规	经营和交易违规	信息披露违规	经营和交易违规
	（1）	（2）	（3）	（4）	（5）	（6）
违规处罚	0.202 ***	0.105 *	0.080 **	0.051 *	0.342 *	0.225
	(2.586)	(1.726)	(2.171)	(1.760)	(1.934)	(1.607)

变量	是否并购		并购频率		并购规模	
	信息披露违规	经营和交易违规	信息披露违规	经营和交易违规	信息披露违规	经营和交易违规
	(1)	(2)	(3)	(4)	(5)	(6)
公司规模	0.220 *** (10.792)	0.227 *** (11.276)	0.124 *** (12.526)	0.128 *** (12.893)	0.528 *** (11.721)	0.549 *** (12.332)
盈利能力	0.099 (0.455)	0.009 (0.043)	0.123 (1.343)	0.107 (1.157)	− 0.262 (− 0.576)	− 0.378 (− 0.838)
资产负债率	0.000 (0.323)	− 0.000 (− 0.035)	0.001 * (1.950)	0.001 (1.509)	0.005 ** (2.091)	0.004 (1.629)
Z 值	0.009 *** (4.088)	0.009 *** (3.885)	0.004 *** (3.718)	0.004 *** (3.612)	0.022 *** (4.595)	0.021 *** (4.241)
经营现金流	− 1.456 *** (− 6.448)	− 1.352 *** (− 6.027)	− 0.654 *** (− 6.683)	− 0.617 *** (− 6.322)	− 2.790 *** (− 5.991)	− 2.682 *** (− 5.799)
成长性	0.435 *** (7.374)	0.480 *** (8.032)	0.232 *** (9.964)	0.249 *** (10.646)	0.911 *** (7.799)	0.979 *** (8.318)
董事会规模	− 0.030 (− 0.256)	− 0.047 (− 0.400)	− 0.062 (− 1.121)	− 0.049 (− 0.902)	− 0.232 (− 0.943)	− 0.228 (− 0.927)
独董比例	0.203 (0.546)	0.165 (0.444)	− 0.019 (− 0.118)	− 0.069 (− 0.421)	0.689 (0.901)	0.697 (0.908)
分析师关注度	0.017 *** (6.926)	0.016 *** (6.574)	0.008 *** (6.883)	0.008 *** (6.428)	0.036 *** (6.660)	0.034 *** (6.301)
两职合一	0.029 (0.677)	0.040 (0.953)	0.052 ** (2.495)	0.053 *** (2.599)	0.067 (0.748)	0.092 (1.041)
国有企业	− 0.548 *** (− 11.329)	− 0.549 *** (− 11.410)	− 0.282 *** (− 13.541)	− 0.285 *** (− 13.592)	− 1.149 *** (− 11.971)	− 1.169 *** (− 12.182)
截距	− 5.645 *** (− 11.382)	− 5.716 *** (− 11.680)	− 2.028 *** (− 8.788)	− 2.065 *** (− 8.938)	− 8.917 *** (− 8.451)	− 9.274 *** (− 8.906)
行业/年份	控制	控制	控制	控制	控制	控制
观测值	21208	21684	21208	21684	21208	21684
伪决定系数	0.089	0.088				
校正决定系数			0.138	0.136	0.124	0.124

注：括号内为 t 值，＊为 p < 0.1，＊＊为 p < 0.05，＊＊＊为 p < 0.01。

违规处罚——对企业并购的影响研究

三、违规处罚对企业并购影响的长期效应分析

企业受到违规处罚后，其并购决策的调整是短期的弥补，还是具有长期效应？相比于国内违规经济后果的文献大多立足于违规后短期（当年或下一年）影响的视角，本章在短期视角之外，也尝试从长期的视角进行分析。事实上，关于这个问题的回答从侧面反映了监管处罚对于企业的影响程度。从已有文献来看，袁和张（2016）发现企业违规对于融资和筹资的影响可能会持续三年时间，察瓦等（2010，2018）的研究发现，监管机构对于违规企业的处罚中非常重要的一项就是声誉处罚，它给企业造成的负面影响是长期的并且难以弥补，即使企业从事一些声誉修复活动，这样的影响也至少会持续六年时间。从初步数据来看，本章单因素分析部分的图4-2的结果也显示，违规企业并购倾向的上升在违规后的一段时期内具有持续性。从文献和数据两方面的分析也支持了本章在长期效应部分的探讨。本章预计，监管处罚对于违规企业可能会造成较长时间的负面影响，违规企业也需要持续性地采用发起并购活动的方式挽回利益相关者的信任。

参考袁和张（2016）、察瓦等（2010，2018）的研究，本章使用3年和6年两个时期衡量违规处罚对企业并购行为的长期影响，包括是否并购、并购频率和并购规模三个变量进行分析。回归模型采用本章式（4-1）、式（4-2），模型中所有的控制变量均使用本章主假设中的控制变量。回归结果如表4-8所示，其中（1）~（3）为前三年是否违规与被解释变量的回归，（4）~（6）为前六年是否违规与被解释变量的回归。整体来看，违规处罚历史对于企业是否并购、并购频率和并购规模均有正向影响，且在1%水平上显著，证明了违规处罚对于企业并购的影响不仅在短期内存在，还具有一定的长期效应。

表 4 - 8 长期效应分析

变量	是否并购	并购频率	并购规模	是否并购	并购频率	并购规模
	（1）	（2）	（3）	（4）	（5）	（6）
前三年是否违规	0.201 ***	0.129 ***	0.452 ***			
	(5.033)	(5.650)	(4.976)			
前六年是否违规				0.191 ***	0.123 ***	0.448 ***
				(4.866)	(5.483)	(5.120)
公司规模	0.223 ***	0.143 ***	0.546 ***	0.223 ***	0.143 ***	0.547 ***
	(11.402)	(13.045)	(12.585)	(11.388)	(13.029)	(12.572)
盈利能力	0.251	0.231 **	0.058	0.249	0.229 **	0.057
	(1.215)	(2.308)	(0.132)	(1.204)	(2.289)	(0.131)
资产负债率	0.000	0.001 *	0.004	0.000	0.001 *	0.003
	(0.095)	(1.943)	(1.620)	(0.037)	(1.798)	(1.498)
Z 值	0.008 ***	0.004 ***	0.019 ***	0.008 ***	0.004 ***	0.019 ***
	(3.687)	(3.288)	(4.035)	(3.681)	(3.268)	(4.009)
经营现金流	- 1.326 ***	- 0.669 ***	- 2.553 ***	- 1.320 ***	- 0.665 ***	- 2.537 ***
	(- 6.093)	(- 6.358)	(- 5.668)	(- 6.066)	(- 6.318)	(- 5.630)
成长性	0.449 ***	0.260 ***	0.927 ***	0.450 ***	0.261 ***	0.929 ***
	(8.164)	(10.699)	(8.368)	(8.189)	(10.743)	(8.395)
董事会规模	- 0.042	- 0.066	- 0.225	- 0.038	- 0.063	- 0.213
	(- 0.368)	(- 1.074)	(- 0.929)	(- 0.330)	(- 1.020)	(- 0.878)
独董比例	0.186	- 0.060	0.701	0.187	- 0.061	0.695
	(0.511)	(- 0.331)	(0.925)	(0.513)	(- 0.338)	(0.917)
分析师关注度	0.016 ***	0.009 ***	0.035 ***	0.016 ***	0.009 ***	0.035 ***
	(6.738)	(6.829)	(6.550)	(6.738)	(6.843)	(6.564)
两职合一	0.034	0.066 ***	0.079	0.036	0.067 ***	0.082
	(0.831)	(2.867)	(0.905)	(0.862)	(2.902)	(0.944)
国有企业	- 0.552 ***	- 0.315 ***	- 1.176 ***	- 0.552 ***	- 0.315 ***	- 1.176 ***
	(- 11.689)	(- 13.728)	(- 12.486)	(- 11.670)	(- 13.714)	(- 12.464)
截距	- 4.735 ***	- 2.136 ***	- 7.216 ***	- 4.748 ***	- 2.148 ***	- 7.267 ***
	(- 8.476)	(- 6.972)	(- 6.053)	(- 8.477)	(- 6.989)	(- 6.076)
行业/年份	控制	控制	控制	控制	控制	控制
观测值	22988	22988	22988	22988	22988	22988
伪决定系数	0.089			0.089		
校正决定系数		0.135	0.125		0.135	0.125

注：括号内为 t 值，* 为 p < 0.1，** 为 p < 0.05，*** 为 p < 0.01。

违规处罚——对企业并购的影响研究

第六节　稳健性检验

在稳健性检验部分，本章通过违规处罚变量度量方式的替换、内生性问题的处理、样本替代选择、控制高管特征变量四个方面进行了测试，测试结果与前文结果基本保持一致，保证了研究结论的稳健性。

一、变量替换

通过对解释变量违规处罚衡量方式的替换进行稳健性检验。参考陈运森和王汝花（2014）、李维安等（2017）的研究，使用企业当年是否被违规处罚作为违规处罚的替代指标，检验对于企业是否并购、并购频率和并购规模的影响。使用当年是否违规处罚的数据进行稳健性检验除了增强同其他文献的可比性之外，还有两个理由：第一，对于企业的违规案件，从监管机构着手调查，到最终的处理结果通常需要一定的时间。在这个过程中，如果被立案，在未来受到处罚的可能性就会增加，而企业从此时开始就可能采取预备措施以修复未来可能受损的声誉，因此，采用当年是否受到违规处罚来研究违规处罚与企业并购的影响关系有一定的合理性。第二，从图4-2的违规企业并购倾向趋势分析中也发现，在企业违规处罚当年的并购交易数量会迅速增加，也支持了本章的方法。如表4-9所示，本节进行回归分析使用的控制变量与之前部分保持一致。整体来看，违规处罚与企业是否并购、并购频率及并购规模呈显著正相关关系，本章的结论是稳健的。

表4-9　　　　　　　　稳健性检验——违规变量替换

变量	是否并购	并购频率	并购规模
	（1）	（2）	（3）
当年是否违规	0.201 *** (4.665)	0.108 *** (4.695)	0.456 *** (4.662)

变量	是否并购	并购频率	并购规模
	(1)	(2)	(3)
公司规模	0.225 ***	0.143 ***	0.547 ***
	(11.474)	(13.050)	(12.611)
盈利能力	0.200	0.198 **	−0.044
	(0.961)	(1.983)	(−0.101)
资产负债率	0.000	0.001 **	0.004 *
	(0.084)	(2.075)	(1.668)
Z 值	0.008 ***	0.004 ***	0.019 ***
	(3.670)	(3.320)	(4.037)
经营现金流	−1.323 ***	−0.670 ***	−2.545 ***
	(−6.062)	(−6.361)	(−5.633)
成长性	0.458 ***	0.264 ***	0.942 ***
	(8.305)	(10.881)	(8.507)
董事会规模	−0.049	−0.070	−0.240
	(−0.426)	(−1.134)	(−0.987)
独董比例	0.212	−0.043	0.767
	(0.581)	(−0.234)	(1.012)
分析师关注度	0.016 ***	0.009 ***	0.034 ***
	(6.698)	(6.774)	(6.515)
两职合一	0.032	0.064 ***	0.072
	(0.766)	(2.778)	(0.824)
国有企业	−0.555 ***	−0.318 ***	−1.183 ***
	(−11.771)	(−13.864)	(−12.550)
截距	−5.660 ***	−2.345 ***	−9.226 ***
	(−11.741)	(−9.155)	(−8.984)
行业/年份	控制	控制	控制
观测值	22988	22988	22988
伪决定系数	0.089		
校正决定系数		0.134	0.124

注：括号内为 t 值，* 为 $p < 0.1$，** 为 $p < 0.05$，*** 为 $p < 0.01$。

对企业并购的影响研究

二、内生性问题

本章的结论可能受到内生性问题的局限。由于违规企业和未违规企业在某些企业特征上存在差异，违规处罚对于并购决策的影响可能是由于这些内在差异造成的。另外，影响企业并购决策的因素也有很多，如宏观环境和政策的变化就是重要的因素之一。为增强结论的可靠性，本章参考辛清泉等（2019）的研究，使用倾向得分匹配和双重差分法相结合的方法控制内生性问题。

传统双重差分法通过对比实施政策的"处理组"和未实施政策的"对照组"之间的差异，引入处理组虚拟变量与处理期虚拟变量的交乘项解释政策效果。传统双重差分法包含的一个重要假定是，处理组开始受到政策影响的时间点是一致的。然而，在某些情形下，处理组接受"处理"的时间存在先后差异（如企业受到违规处罚的时间并不相同），此时采用渐进性双重差分法（也称为多时点双重差分法）更为合适。渐进性双重差分法由于更具有一般性，近年来被较多文献采用（郭峰和熊瑞祥，2017；Beck et al.，2010），其回归模型可表述为：

$$Y_{it} = \beta_0 + \beta_1\,Treat_{it} + Controls + \varepsilon_{it}$$

其中，i 与 t 分别表示个体与时间；Y_{it} 为被解释变量，在本书中为企业并购；$Treat_{it}$ 用以反映企业是否受到违规处罚，企业在受到违规处罚的当年和以后年份取值为 1，否则为 0。通过这样的设置产生"处理组"和"对照组"，以及处理前后的双重差异，其系数为平均处理效应；Controls 包括前述所有控制变量。ε_{it} 为随机扰动项。

接下来，对于处理组和对照组进行 1∶1 匹配。在匹配变量选择方面，采用后向选择（backward-selection）的方法，先对于所有的控制变量，分别是公司规模、盈利能力、资产负债率、Z 值、经营现金流、成长性、董事会规模、独立董事比例、分析师关注度、两职合一和股权性质进行匹配。在表 4-10 的平衡性检验中发现，除变量 Lev 在处理组与对照组之间原本就不显著之外，其余匹配变量在匹配前，变量的均值在处理组与对照组之间存在较大差异，而匹配后变量的均值在两组之间分布较为平衡。本章剔除变量 Lev，最终确定其他 10 个匹配变量。另外，本章也同时匹配了年份和行业变量。匹配结果满足共同支撑假设和平衡假设。

表 4 – 10   匹配变量平衡性检验

变量名称	匹配过程	变量均值		标准偏差（％）	偏差减少幅度（％）	t 统计量	p 值
		处理组	对照组				
公司规模	匹配前	21.892	21.699	14.600		10.300	0.000
	匹配后	21.868	21.835	2.500	82.900	1.430	0.153
盈利能力	匹配前	0.046	0.072	− 28.600		− 20.320	0.000
	匹配后	0.054	0.056	− 3.000	89.400	− 1.910	0.056
资产负债率	匹配前	44.930	44.843	0.400		0.280	0.782
	匹配后	44.099	43.698	1.800	− 361.200	1.020	0.309
Z 值	匹配前	7.673	7.279	3.800		2.740	0.006
	匹配后	7.739	7.842	− 1.000	73.800	− 0.560	0.577
经营现金流	匹配前	0.035	0.052	− 21.900		− 15.580	0.000
	匹配后	0.040	0.040	0.800	96.300	0.490	0.627
成长性	匹配前	0.059	0.077	− 5.300		− 3.930	0.000
	匹配后	0.067	0.064	1.000	81.800	0.580	0.563
董事会规模	匹配前	2.252	2.275	− 13.100		− 9.300	0.000
	匹配后	2.256	2.254	1.100	91.900	0.610	0.544
独董比例	匹配前	0.371	0.367	7.800		5.580	0.000
	匹配后	0.371	0.370	0.400	94.800	0.230	0.815
分析师关注度	匹配前	7.118	8.711	− 17.900		− 12.610	0.000
	匹配后	7.498	7.267	2.600	85.500	1.580	0.114
两职合一	匹配前	0.269	0.239	6.800		4.900	0.000
	匹配后	0.268	0.272	− 0.900	86.200	− 0.530	0.596
国有企业	匹配前	0.329	0.445	− 23.900		− 16.900	0.000
	匹配后	0.358	0.352	1.200	94.900	0.710	0.477

资料来源：锐思金融研究数据库重大事项违规处罚统计表。

本章使用最邻近匹配的方法进行匹配后的结果如表 4 – 11 所示。结果显示，使用倾向得分匹配和双重差分法相结合的方法处理内生性问题后，违规处罚与企业并购的三个变量是否并购、并购频率和并购规模呈现正相关关系，且在1%水平上显著，说明违规企业更倾向于发起并购，并购频率更高，并购规模更大，本章的结论是稳健的。

表4-11　　　　稳健性检验——倾向得分匹配+双重差分法检验

变量	是否并购	并购频率	并购规模
	(1)	(2)	(3)
处理组虚拟变量	0.227 ***	0.138 ***	0.515 ***
	(5.210)	(5.568)	(5.276)
公司规模	0.178 ***	0.127 ***	0.478 ***
	(7.381)	(8.885)	(8.498)
盈利能力	0.380	0.468 ***	0.491
	(1.332)	(2.918)	(0.759)
资产负债率	-0.000	0.001 **	0.004
	(-0.292)	(2.024)	(1.444)
Z值	0.004	0.003 *	0.013 **
	(1.456)	(1.960)	(2.075)
经营现金流	-1.480 ***	-0.809 ***	-2.951 ***
	(-5.113)	(-5.545)	(-4.667)
成长性	0.532 ***	0.327 ***	1.158 ***
	(7.277)	(9.628)	(7.578)
董事会规模	-0.111	-0.085	-0.329
	(-0.742)	(-1.009)	(-0.984)
独董比例	0.335	0.002	1.243
	(0.741)	(0.010)	(1.238)
分析师关注度	0.019 ***	0.012 ***	0.045 ***
	(6.221)	(6.570)	(6.261)
两职合一	0.037	0.084 ***	0.110
	(0.748)	(2.778)	(0.990)
国有企业	-0.645 ***	-0.405 ***	-1.472 ***
	(-11.152)	(-13.481)	(-11.955)
截距	-4.487 ***	-2.106 ***	-7.463 ***
	(-7.037)	(-6.028)	(-5.265)
行业/年份	控制	控制	控制
观测值	13136	13156	13156
伪决定系数	0.083		
校正决定系数		0.138	0.115

注：括号内为t值，* 为 $p<0.1$，** 为 $p<0.05$，*** 为 $p<0.01$。

三、样本选择问题

（一）删除因并购导致的违规处罚样本

本章认为，违规处罚引致的负面声誉冲击会促使企业调整并购决策，以此修复受损声誉。然而，违规处罚与企业并购之间还可能存在较为复杂的关系。并购是资本市场关注点，交易过程较为复杂，对于并购的信息披露也有严格的要求。因此，企业及相关方在并购中违规的现象时有发生，如风险揭示不足、重组预案重大遗漏、随意停复牌、虚构目标方业绩等。在违规样本中剔除由于并购交易违规而遭到处罚的样本，可以在一定程度上避免违规处罚与并购之间的交互影响。锐思金融数据库"重大事项违规处罚"统计表提供了企业受到违规处罚的事项内容，本章在这些事项内容中剔除包含"并购""收购""重组""兼并"等原因导致的违规样本后，再分析违规处罚对企业并购的影响。回归结果如表 4-12 所示，违规处罚与企业并购的三个变量——是否并购、并购频率和并购规模均呈现正相关关系，且至少在 10% 水平上显著，说明本章的结论是稳健的。

表 4-12　　　　　稳健性检验——调整样本 1

变量	是否并购 (1)	并购频率 (2)	并购规模 (3)
违规处罚	0.116 ** (2.367)	0.074 *** (2.766)	0.192 * (1.742)
公司规模	0.224 *** (11.451)	0.143 *** (13.058)	0.546 *** (12.597)
盈利能力	0.200 (0.966)	0.203 ** (2.029)	-0.056 (-0.126)
资产负债率	0.000 (0.214)	0.001 ** (2.170)	0.004 * (1.817)
Z 值	0.008 *** (3.728)	0.004 *** (3.362)	0.020 *** (4.114)

变量	是否并购	并购频率	并购规模
	(1)	(2)	(3)
经营现金流	− 1. 350 *** (− 6. 199)	− 0. 683 *** (− 6. 487)	− 2. 607 *** (− 5. 776)
成长性	0. 451 *** (8. 179)	0. 261 *** (10. 749)	0. 927 *** (8. 374)
董事会规模	− 0. 046 (− 0. 397)	− 0. 068 (− 1. 103)	− 0. 232 (− 0. 954)
独董比例	0. 198 (0. 544)	− 0. 051 (− 0. 277)	0. 734 (0. 967)
分析师关注度	0. 016 *** (6. 567)	0. 009 *** (6. 618)	0. 034 *** (6. 358)
两职合一	0. 033 (0. 799)	0. 065 *** (2. 818)	0. 075 (0. 863)
国有企业	− 0. 561 *** (− 11. 872)	− 0. 321 *** (− 13. 929)	− 1. 198 *** (− 12. 695)
截距	− 5. 650 *** (− 11. 722)	− 2. 348 *** (− 9. 169)	− 9. 213 *** (− 8. 968)
行业/年份	控制	控制	控制
观测值	22988	22988	22988
伪决定系数	0. 088		
校正决定系数		0. 133	0. 123

注：括号内为 t 值，＊为 p < 0.1，＊＊为 p < 0.05，＊＊＊为 p < 0.01。

（二）加入非行政处罚性监管样本

当上市公司出现某些公司运营或市场交易方面的问题时，监管机构会向公司发出关注函或者问询函，表示对于问题的关注，或要求在规定时间内回复解释。关注函或者问询函是具有警告作用的"非行政处罚性监管"。严格来说，上市公司收到关注函或问询函并不一定是有违规行为，但是也有学者（陈运森等，2018）认为，问询函具有一定的信息含量。违规相关领域的研究（陆蓉和常维，2018；陆瑶等，2012）很多也没有剔除这两类情况。因此，对于违规处罚重新界定调整，把包含问询函和关注函的样本纳入公司违规样本之后，再分析违规处罚对企业并购的影响。回归结果如表 4-13 所示，违规处罚与企业并购的三个变量——是否并购、并购频率和并购规模均呈现正相关关系，且在 1% 水平上显著，说明结论是稳健的。

表 4-13 稳健性检验——调整样本 2

变量	是否并购	并购频率	并购规模
	(1)	(2)	(3)
违规处罚	0.145 *** (3.186)	0.092 *** (3.639)	0.302 *** (2.890)
公司规模	0.224 *** (11.457)	0.143 *** (13.066)	0.547 *** (12.612)
盈利能力	0.215 (1.034)	0.211 ** (2.111)	-0.017 (-0.039)
资产负债率	0.000 (0.164)	0.001 ** (2.103)	0.004 * (1.748)
Z 值	0.008 *** (3.700)	0.004 *** (3.329)	0.020 *** (4.077)
经营现金流	-1.345 *** (-6.174)	-0.680 *** (-6.458)	-2.594 *** (-5.748)
成长性	0.451 *** (8.187)	0.261 *** (10.745)	0.930 *** (8.391)
董事会规模	-0.044 (-0.383)	-0.067 (-1.089)	-0.229 (-0.943)
独董比例	0.199 (0.546)	-0.051 (-0.277)	0.734 (0.968)
分析师关注度	0.016 *** (6.589)	0.009 *** (6.644)	0.034 *** (6.383)
两职合一	0.033 (0.798)	0.065 *** (2.821)	0.076 (0.867)
国有企业	-0.559 *** (-11.828)	-0.319 *** (-13.874)	-1.191 *** (-12.631)

变量	是否并购	并购频率	并购规模
	(1)	(2)	(3)
截距	−5.657***	−2.352***	−9.234***
	(−11.749)	(−9.194)	(−9.000)
行业/年份	控制	控制	控制
观测值	22988	22988	22988
伪决定系数	0.089		
校正决定系数		0.134	0.123

注：括号内为 t 值，* 为 $p < 0.1$，** 为 $p < 0.05$，*** 为 $p < 0.01$。

（三）删除资产重组和借壳上市样本

违规处罚后企业会主动调整并购决策，通过发起并购的方式修复企业声誉。本章所定义的并购概念符合李善民和朱滔（2005）、赖黎等（2017）在并购领域的研究中所指出的，并购是通过资产收购、股权收购、吸收合并和要约收购获取标的公司的财产权和控制权，而实现公司快速发展的扩张行为。然而，在某些特定情况下，如当企业经营不善，长期亏损时，企业可能通过资产重组，或卖壳等方式改善业绩，这些方式虽然具有并购的形式，但从实质上看，与一般意义上的并购是有差异的。为避免违规处罚后，企业在经营困难的情况下资产重组或卖壳的情况干扰研究结果，本章剔除并购样本中的资产重组和借壳上市的样本，再分析违规处罚对企业并购的影响。回归结果如表 4-14 所示，违规处罚与企业并购的三个变量是否并购、并购频率和并购规模均呈现正相关关系，且至少在 10% 水平上显著，结果仍然说明本章的结论是稳健的。

表 4-14 　　　　　　　稳健性检验——调整样本 3

变量	是否并购	并购频率	并购规模
	(1)	(2)	(3)
违规处罚	0.135***	0.071***	0.185*
	(2.781)	(2.870)	(1.894)

变量	是否并购	并购频率	并购规模
	(1)	(2)	(3)
公司规模	0.338 ***	0.167 ***	0.790 ***
	(16.175)	(15.532)	(20.033)
盈利能力	0.764 ***	0.301 ***	1.298 ***
	(3.591)	(3.146)	(3.376)
资产负债率	−0.004 ***	0.000	−0.004 **
	(−3.311)	(0.427)	(−2.228)
Z 值	0.005 **	0.003 **	0.008 *
	(2.119)	(2.458)	(1.847)
经营现金流	−1.174 ***	−0.599 ***	−1.839 ***
	(−5.238)	(−5.910)	(−4.564)
成长性	0.438 ***	0.224 ***	0.632 ***
	(7.619)	(10.022)	(7.071)
董事会规模	−0.034	−0.054	−0.131
	(−0.277)	(−0.900)	(−0.577)
独董比例	−0.188	−0.155	−0.221
	(−0.500)	(−0.865)	(−0.316)
分析师关注度	0.015 ***	0.009 ***	0.029 ***
	(5.998)	(6.504)	(5.677)
两职合一	0.072 *	0.072 ***	0.113
	(1.711)	(3.215)	(1.433)
国有企业	−0.621 ***	−0.315 ***	−1.137 ***
	(−12.537)	(−14.121)	(−13.161)
截距	−7.876 ***	−2.840 ***	−14.083 ***
	(−15.300)	(−11.293)	(−14.755)
行业/年份	控制	控制	控制
观测值	22988	22988	22988
伪决定系数	0.092		
校正决定系数		0.126	0.112

注：括号内为 t 值，* 为 $p < 0.1$，** 为 $p < 0.05$，*** 为 $p < 0.01$。

违规处罚

对企业并购的影响研究

（四）未违规企业替换界定

本章把违规企业定义为上一年有违规情况的企业，而反过来，未违规企业则为上一年未发生违规情况的企业。这样的定义带来的问题是，某些被归于未违规的企业可能在前两三年有违规，甚至是当年就有违规，造成了对未违规企业定义上的不准确性，也可能会影响检验结果。因此，本节对于未违规企业重新界定调整，仅包括在样本期间（2008～2017 年）从未发生违规行为的企业，再分析违规处罚对企业并购的影响。回归结果如表 4 - 15 所示，违规处罚与企业并购的三个变量是否并购、并购频率和并购规模均呈现正相关关系，且在 1% 水平上显著，说明本章的结论是稳健的。

表 4 - 15　　　　　　　　稳健性检验——调整样本 4

变量	是否并购	并购频率	并购规模
	（1）	（2）	（3）
违规处罚	0.272 *** （4.807）	0.156 *** （5.065）	0.567 *** （4.450）
公司规模	0.239 *** （8.496）	0.152 *** （9.747）	0.602 *** （9.689）
盈利能力	0.203 （0.660）	0.188 （1.329）	0.013 （0.020）
资产负债率	0.002 （1.081）	0.002 *** （2.953）	0.007 ** （2.272）
Z 值	0.010 *** （3.618）	0.005 *** （3.327）	0.024 *** （4.135）
经营现金流	- 1.707 *** （- 5.285）	- 0.829 *** （- 5.196）	- 3.342 *** （- 5.094）
成长性	0.517 *** （6.612）	0.280 *** （8.268）	1.070 *** （6.753）
董事会规模	0.037 （0.222）	- 0.082 （- 0.903）	- 0.072 （- 0.203）
独董比例	0.672 （1.392）	0.085 （0.361）	1.786 * （1.746）

变量	是否并购	并购频率	并购规模
	(1)	(2)	(3)
分析师关注度	0.019 ***	0.010 ***	0.041 ***
	(5.806)	(5.404)	(5.660)
两职合一	0.079	0.081 ***	0.132
	(1.392)	(2.698)	(1.083)
国有企业	− 0.615 ***	− 0.329 ***	− 1.319 ***
	(− 9.702)	(− 10.933)	(− 10.214)
截距	− 6.613 ***	− 2.634 ***	− 11.507 ***
	(− 9.757)	(− 7.493)	(− 7.859)
行业/年份	控制	控制	控制
观测值	11078	11078	11078
伪决定系数	0.087		
校正决定系数		0.128	0.117

注：括号内为 t 值，* 为 p < 0.1，** 为 p < 0.05，*** 为 p < 0.01。

四、控制高管特征因素

以总经理为代表的企业高管在企业的战略方向选择和战略决策制定上发挥着关键作用。考虑到违规处罚对企业并购的影响可能是由于前文实证研究中未考察的高管特征因素所致，本章借鉴顾小龙等（2017），以及陈仕华等（2015）的研究，在实证模型中引入总经理性别、年龄、学历程度和高管过度自信四个高管特征因素。其中，总经理性别的衡量方式为男性取值为1，女性为0；学历程度包括中专及中专以下、大专、本科、硕士研究生、博士研究生和其他，中专及中专以下为1，大专为2，以此类推，学历越高赋值越大，删去学历程度为其他的样本；高管过度自信的衡量参考姜付秀等（2009）的做法，使用高管薪酬的相对比例，即总经理薪酬与所有高管的薪酬之和的比值来表示。由于某些高管特征变量缺失，在加入高管特征的控制变量后，有一定的变量损失。控制高管特征因素后，违规处罚对企业并购影响的回归结果如表4 – 16所示。违规处罚与企业并购的三个变量是否并购、并购频率和并购规模仍然呈现正相关关系，且至少在 5% 水平上显著，说明本章的结论是稳健的。

表 4 – 16 稳健性检验——控制高管特征因素

变量	是否并购	并购频率	并购规模
	（1）	（2）	（3）
违规处罚	0. 157 ***	0. 092 ***	0. 288 **
	（2. 974）	（3. 115）	（2. 400）
公司规模	0. 223 ***	0. 141 ***	0. 534 ***
	（9. 784）	（11. 029）	（10. 600）
盈利能力	0. 044	0. 180	- 0. 288
	（0. 179）	（1. 495）	（- 0. 548）
资产负债率	0. 001	0. 001 **	0. 005 **
	（0. 590）	（2. 315）	（1. 989）
Z 值	0. 009 ***	0. 004 ***	0. 020 ***
	（3. 649）	（3. 335）	（3. 832）
经营现金流	- 1. 505 ***	- 0. 689 ***	- 3. 028 ***
	（- 6. 056）	（- 5. 588）	（- 5. 847）
成长性	0. 560 ***	0. 316 ***	1. 130 ***
	（8. 255）	（10. 423）	（8. 212）
董事会规模	- 0. 102	- 0. 128 *	- 0. 243
	（- 0. 771）	（- 1. 843）	（- 0. 882）
独董比例	- 0. 212	- 0. 337 *	0. 130
	（- 0. 538）	（- 1. 680）	（0. 157）
分析师关注度	0. 019 ***	0. 010 ***	0. 040 ***
	（7. 232）	（6. 502）	（6. 972）
两职合一	0. 064	0. 086 ***	0. 122
	（1. 419）	（3. 345）	（1. 275）
国有企业	- 0. 563 ***	- 0. 313 ***	- 1. 177 ***
	（- 10. 412）	（- 11. 862）	（- 11. 067）
总经理性别	0. 074	0. 044	0. 150
	（0. 866）	（1. 114）	（0. 851）
总经理年龄	- 0. 005	- 0. 004 **	- 0. 012 *
	（- 1. 523）	（- 2. 108）	（- 1. 785）
总经理学历程度	0. 046 **	0. 037 ***	0. 093 *
	（1. 986）	（2. 937）	（1. 886）

变量	是否并购	并购频率	并购规模
	(1)	(2)	(3)
过度自信	-0.290 (-1.632)	-0.223 ** (-2.423)	-0.220 (-0.594)
截距	-5.275 *** (-8.925)	-1.993 *** (-6.393)	-8.586 *** (-6.790)
行业/年份	控制	控制	控制
观测值	18072	18074	18074
伪决定系数	0.096		
校正决定系数		0.139	0.132

注：括号内为 t 值，* 为 $p < 0.1$，** 为 $p < 0.05$，*** 为 $p < 0.01$。

第七节　本章小结

完善市场监管和执法体制是建设现代化经济体系的重要环节。政府如何在尊重市场规律的基础上，引导和规范市场行为，营造诚信经营、公平竞争的市场环境，不仅需要加强对企业违法违规行为的监管和处罚，也需要全面评估监管处罚的经济后果。在中国市场"新兴＋转型"背景下，从企业并购决策的角度，就监管处罚对企业并购行为的影响进行了理论分析和实证检验。以 2008～2017 年我国上市公司为样本，采用逻辑模型和普通最小二乘法模型分析发现，违规处罚与企业并购呈显著正向关系，具体来看，第一，违规企业更倾向于作为主并方发起并购；第二，违规企业更倾向于发起更多的并购；第三，违规企业更倾向于发起规模更大的并购。违规企业会通过发起并购的方式修复由于监管处罚造成的声誉损失。进一步分析发现，从违规处罚程度来看，严重违规会带来更强的正向影响；从违规处罚类型来看，信息披露违规对于企业并购具有更显著的正向影响；违规处罚后企业发起并购修复声誉的行为具有长期效应。稳健性检验也表明，在经过替换变量、控制内生性问题、调整样本后，结论仍然是稳健的。

　　本章得出以下实践启示：越来越多的证据表明，证券监管能够通过声誉处罚的方式在降低企业违规概率方面发挥作用。然而，当声誉资本在经济活动中日益重要，企业有针对性地对损失的声誉进行修复也更为常见。在这个过程中，监管机构需要全面评估并合理引导企业违规后的声誉修复活动，避免证券监管处罚的治理作用被"扭曲"。违规企业也应该采取"对症下药"的方式，把关注点放在有针对性地改善企业内部控制、信息披露等各环节的规范性，从根源上防止企业违规行为的再次发生。

第四章　违规处罚与企业并购倾向

违规处罚、企业并购与声誉修复
——基于利益相关者视角的机制检验

为了验证并购的声誉修复动机，本章以机制检验的方式，基于利益相关者理论和契约理论，对并购后企业与利益相关者的关系是否得到了改善进行分析。本章从声誉损失的研究视角出发，关注到企业违规后受损严重的关键利益相关者——债权人、股东、供应商和客户，实证检验了这些利益相关者在接收到企业违规处罚信号后的反应，并重点研究违规企业是否发起并购对企业与利益相关者关系的影响。

第一节 问题提出

声誉是使企业具有竞争优势的、极为重要的无形资产（Barney，1991）。这种竞争优势的来源与利益相关者的支持紧密联系在一起。对于利益相关者来说，声誉能够降低与公司合作的不确定性（Rao，1998；Benjamin and Podolny，1999）：一方面，利益相关者可以通过声誉来评估公司将来是否能够继续产生价值（Pfarrer et al.，2010）；另一方面，从契约的角度，声誉让利益相关者相信公司不仅会尊重双方交易过程中的显性契约，也会同样尊重隐性契约，如交易的合法性和相关性，以及利益相关者未来的保障（Devine and Halpern，2001）。声誉的形成可以被看作是一种信号传递过程，在这种过程中，企业通过其战略选择向利益相关者发出信号，利益相关者利用这些信号建立对公司的看法（Basdeo et al.，2006），因此，高声誉的企业与利益相关者的青睐和更好地获得资源相关。

公司违规行为的披露是在既定的法律环境下由监管机构施行的处罚措施，是一种典型的对企业声誉产生负面影响的行为，不仅损害违规公司自身的价值，也严重影响到利益相关者的权益。在公司违规行为被披露后，外部利益相关者感知到的信息不对称性增加，对公司的意图和履行承诺能力的不确定性也随之增加。可以说，公司违规将利益相关者置于危险之中（Coombs，1995），利益相关者可能改变与公司合作的合同条款，或撤回支持和资源，阻碍公司生存和成功的机会（Elsbach，2003）。

当企业声誉资产受到损失后，可以采取措施对其进行修复，而这样的修复也应当以修复利益相关者关系为目标。虽然组织的利益相关者被定义为所有影响或受组织行为影响的各种个人和团体，包括消费者、雇员、投资者、社区、监管者、供应商、政府和媒体等（Freeman，1984；DiMaggio and Powell，1983；Elsbach，2003），但是在企业受到违规处罚的特殊情境下，企业在修复声誉方面也会具有一定的针对性，更为重视并回应关键利益相关者群体的要求，或那些最具合法性、权利和索赔紧迫性的群体的要求（Mitchell et al.，1997）。本章选择了四种关键利益相关者——权益融资方、债务融资方、供应商和顾客，探讨违规处罚后企业在这四种利益相关者方面受到的声誉损失及企业发起并购能否达到修复声誉的效果。选择这四种利益相关者的原因是：第一，这四种利益相关者涉及企业财务管理中关键的融资活动和运营活动，关系到企业能否得到资金和产品市场的支持，对于企业财务业绩和现金流都产生极为重要的影响。第二，企业的销售收入和合约成本对违规行为特别敏感，因为其对客户、供应商和资金提供方造成了较为直接的负面作用（Karpoff et al.，2008）。相比于社区、雇员、政府等主体，这四种利益相关者因为企业违规的溢出效应可能造成自身的经济损失，需要企业采取措施缓和与其的关系。第三，这四种利益相关者具有一定的权利，能够影响公司与其他利益相关者之间的互动及利益相关者群体之间的对话（Pfarrer et al.，2010），如债权人撤回资金会引起投资者、供应商等利益相关者对于公司运营现金流的担忧，进而影响更多利益相关者的资源提供。因此，本章从权益融资方、债务融资方、供应商和顾客四个角度探讨违规处罚后，企业发起并购能否改善与利益相关者的关系，重新得到其支持。

第二节　理论分析与研究假设

声誉是保障企业价值创造能力的重要资产，也有利于企业吸引合作伙伴和建立成功的关系（Dollinger et al.，1997；Saxton，1997）。从经济收益的角度来看，好的声誉帮助公司获得更高的产品销售价格、降低交易成本和经营风险等（Klein and Leffler，1981；Shapiro，1983；Greif，1989；Orlitzky and Benjamin，2001），而企业违规行为引起的声誉贬值可能改变交易方愿意与企业进行交易的条件，主要造成以下两个方面的损失：一方面，融资方面的损失。预期资本提供者的融资成本会增加，或股权和债权融资额度的减少（醋卫华，2011；宋云玲等，2011；叶康涛等，2010；Liebman and Milhaupt，2008）。另一方面，交易成本方面的损失。预期与公司其他利益相关者（包括客户和供应商等）进行交易的成本增加，导致销售下降、项目计划取消和诉讼增加（Chakravarthy et al.，2014；Murphy et al.，2009）。可以看到，违规给企业造成的声誉损失较明显地体现在资本提供者和产品销售供应链方面，在卡尔波夫等（2008）的研究中，更为直接地把违规所造成的声誉损失定义为当债权人、投资者、客户和供应商与违规公司改变交易条件时，融资成本增加或经营活动产生的现金流减少的现值。可以说，与债权人、投资者、客户和供应商四种利益相关者之间的关系对于违规企业的后续经营活动产生极大的影响。

当违规处罚造成声誉损失后，公司会采取积极的措施对其声誉资本进行再投资和修复，以挽回利益相关者的信任。企业需要使它们的行为与各

违规处罚——对企业并购的影响研究

种利益相关者群体的需求相适应，最大限度地提高生存和发展的机会。然而，组织的利益相关者群体众多，所有构成组织生存和发展环境的投资者、债权人、消费者、雇员、社区、监管机构、供应商、政府和媒体（Elsbach，2003；Freeman，1984）等实体都与企业之间形成相互依赖及不可分割的关系。在企业违规后资源受到约束的特殊情境下，企业的声誉修复投资可能会有所取舍，把关注的重点放在满足某些关键利益相关者群体的需求之上。可以看到，在违规处罚之后，最成功的恢复合法性并与利益相关者重新融合的组织是那些更为重视并响应关键利益相关者群体的要求的组织（Mitchell et al.，1997；Pfarrer et al.，2010）。虽然在不同的违规案件中，关键利益相关者的定义有一定差异，但从契约的角度，声誉修复的重点是缓解利益相关者对公司履行契约和承诺的不确定性（Chakravarthy et al.，2014）。综合来看，最具合法性、权利和紧迫性的利益相关者以投资者、债权人、客户和供应商为典型代表。并购具有使企业短期内实现快速增长、提升在利益相关者心目中价值的重要作用（Haleblian et al.，2017）。本书认为，在中国资本市场的环境下，违规企业发起并购活动是一种较为有效的声誉修复方式，能够缓解企业与以上四种关键利益相关者的关系。

一、资本市场的声誉修复

投资者和债权人代表了企业的资本提供者，从违规的经济后果来看，违规信息的披露违反了公司对资本提供者履行具有实质性和准确的财务报表的明确承诺，资本提供者感知到其与内部人之间的信息不对称性程度增加（Yuan and Zhang，2016）。资本提供者可能从三个方面对与企业的关系重新考虑：一是与违规处罚伴随而来的可能的监管罚款、集体诉讼以及增加的法律费用可能对于企业现金流和经营状况产生负面影响；二是违规的披露会导致公司的股价下跌，市值损失与公司支付股息、利息的能力，甚至企业能否及时足额偿还贷款的能力直接相关；三是当资本提供者所依赖的公司财务报告真实性难以保障时，未来的继续合作可能需要通过其他的私有渠道搜寻企业真实信息，产生更高的监控成本、担保成本和剩余损失（Jensen and Meckling，1976）。因此，违规处罚对公司融资政策产生不利影响，最为典型的是造成融资成本的增加（Hribar and Jenkins，2004；Kravet and Shevlin，2010）。

虽然针对资本提供者的声誉修复行动有多种，包括改善公司治理、解雇高级领导层、改善激励或内部控制制度等（Chakravarthy et al.，2014），但是企业并购在缓解与资本提供者关系方面可能起到独特且重要的作用。

第一，并购增加了企业的信息披露。从并购宣告到并购结束，上市公司需要以临时公告的形式公开向资本市场发布若干并购信息，提供并购交易的目标方、并购目的、并购对价等重要资料，并购活动也会被大众媒体广泛报道（Vaara and Monin，2010）。资本提供者能够通过并购信息的公告了解企业的动态和战略意图，以便对公司未来的经营业绩和风险状况等做出更好的判断，从而降低资本提供者评估公司时的不确定性。从投资者角度来看，违规企业并购信息的披露不仅提供了并购双方企业信息，还能够提供特定市场或行业发展方面的信息。投资者与内部人之间信息不对称的减少引起投资者对于企业预期回报的风险评估降低和最低投资回报率降低。并且这种信息在不同的投资者之间是一致的，意味着不同投资者之间信息不对称的减少，增加了对投资者对该股票的需求，股票的流动性增加也能够降低权益融资成本（李姝等，2013）；从债权人角度来看，违规企业作为主并方发起并购是在定期报告之外主动提供企业经营信息，能够向债权人展示公司在市场中的影响力和实际价值，减少债权人的信息收集成本和对企业偿还能力的担忧，有利于修复与债权人关系并降低债务融资成本。

第二，并购通过规模扩张获取资源。作为我国企业扩张的最主要方式之一，并购是企业发展壮大的重要源泉，通过规模扩张能够在短期内提升企业的社会认可度、地位和影响力（Shi et al.，2017）。研究表明，企业规模与融资约束程度显著负相关，最为常见的融资约束的代理变量之一——WW 指数把企业规模的大小作为衡量企业融资约束程度的重要变量。我国的研究也表明，无论是否国有控股，融资约束均随着企业规模增大而减小，且规模效应对融资约束的影响要远大于融资约束对规模效应的影响（邓可斌和曾海舰，2014）。从政治关联的视角解释，地方政府为了追求国内生产总值和税收的最大化，融资也会向大企业以及重点企业进行倾斜（王文甫等，2014）。在我国长期存在行业中的大规模企业，以及拥有良好政府关系的企业更容易拥有融资渠道，融资成本的现象更低（连玉君等，2010）。从投资者方面来看，在违规处罚造成声誉损失的情境下，企业通过规模扩张，有利于缓解存在的流动性约束，获得更多的融资机会，进而降低投资者要求的股票收益水平；从债权人角度来看，并购是获得目标方资产的一种渠道，方便企业形成集团内部的资产体系，通过资产的抵押或担保向金融机构融资（王彦超，2009）。另外规模较大企业具有资本密集型的特征，为债权人的监管带来便利，监管成本也较低，以上都有利于违规企业降低债务融资成本。

第三，并购增加了企业的市场价值。从我国资本市场的现状来看，企业发起并购是一种积极的信号，大量文献证明，并购宣告日前后企业能够取得显著为正的累计超额回报率（陈仕华等，2013；李善民等，2015；刘健和刘春林，2016；宋贺和段军山，2019），至少在短期内可带来积极的市场反应（王逸等，2015）。企业在违规后面临市场价值的下降及随之而来的诸多负面后果，发起并购是一种有效的挽回和提升市场价值并增强市场信心的方式。从投资者的角度，提升市场价值本身就是回报投资者的一种方式。根据权益资本成本的公式来看，资本成本=资金使用费÷（融资总额−融资费用），在资金使用费和融资费用不变的条件下，市场价值上升意味着单位融资总额上升，权益融资成本下降；从债权人的角度来看，公司债务融资程度与市场价值之间显著正相关（汪辉，2003），公司市场价值增加有利于其在金融机构的评级上升，吸引更多金融机构或提升原有授信额度，因此降低债务融资成本。因此，违规处罚后，企业发起并购活动在一定程度上满足了资本提供者的需求，缓和了与资本提供者的关系，能够较好地修复企业声誉。

本章提出以下研究假设。

假设5−1：相对于违规后未发起并购的企业，违规后发起并购的企业能够修复与股东的关系。

假设5-2：相对于违规后未发起并购的企业，违规后发起并购的企业能够修复与债权人的关系。

二、产品市场的声誉修复

供应商和客户代表了企业产品市场上的利益相关者。产品市场上的契约包含了一系列显性和隐性的承诺，如对供应商承诺的未来购买义务，以及对客户承诺所售出产品在一定时期内部件和服务的持续可用性（Bowen et al.，1995）等。这些承诺由于缺乏明确的法律机制的保护或保护的成本过高，交易对方的声誉就显得极为重要，因此高声誉的公司与更优惠的贸易条件和更高的产品溢价相关（Jones，1995）。而上市公司违规处罚向市场传递公司财务报告不可靠和未来存在的法律风险等信号，不仅对于公司与供应商和客户之间的信息沟通产生恶化，也增加了供应商和客户的运营不确定性。即使公司违规并不是直接针对客户和供应商的失信行为，也可能会导致他们重新评估违规公司履行产品市场合约的能力和激励，由此影响到后续的交易行为（辛清泉等，2019）。公司在产品市场信用关系的破坏后果直接表现为销售损失，或在业务交易中与供应商的贸易条件发生不利变化，甚至终止与违规公司之间的业务往来关系（陈运森和王汝花，2014；Murphy et al.，2009；Klein and Leffler，1981；Jarrell and Peltzman，1985；Johnson et al.，2014；Karpoff et al.，2008）。

在产品市场上修复利益相关者关系的方式包括发布新的广告（Fombrun and Shanley，1990）、对于产品重新命名（Gillespie and Dietz，2009）、通过第三方对于产品质量进行认证或慈善捐赠（Xia et al.，2019）等。本章认为，违规企业通过发起并购也可以作为有效的方式，从以下三个方面缓和与供应商和客户的关系。

第一，上市公司发起并购活动通过临时公告的形式公开披露，供应商和客户能够依据并购信息了解公司战略意图并预测未来现金流，缓解违规处罚后，企业面临的高度信息不对称问题。从供应商角度来看，替代性融资理论认为那些不能从银行获取足额贷款的企业希望获取供应商提供的商业信用，以作为银行贷款的一种替代性融资手段。违规企业增加信息披露能够缓解供应商在提供商业信用时的信息风险和违约风险，使供应商对违规企业未来偿债能力和现金流能力进行准确判断，降低未来收回账款存在的不确定性，有利于与供应商建立良好关系并增加企业获得的商业信用（陈红等，2014；陈英梅等，2014；陈运森和王汝花，2014）。从客户角度来看，违规企业披露的并购信息可以使客户了解企业经营理念和发展方向，成为客户评估未来企业价值并进行合作决策的重要依据，一定程度上缓和客户关系。

第二，并购能够增强企业的市场力量。由于并购具有快速扩张、消除竞争对手、迅速获取行业资源等诸多特点，受到企业偏爱（张雯等，2013；Muehlfeld et al.，2007）。市场力量可以被认为是试图从顾客和供应商那里获得更多的价值（Haleblian et al.，2009），违规企业在面临声誉损失的情境下发起并购活动能够增强公司在产品市场上的谈判能力，避免违规的负面影响持续发酵。从供应商的角度来看，买方市场理论认为商业信用的存在是由于买方（客户）较为强势，因此市场地位高的大企业能够获得更多的商业信用（方红星和楚有为，2019；刘欢等，2015；Fabbri and Menichini，2010）。并购带来的市场力量增强体现为企业合并后统一购买原材料，对供应商方面来说具有提升销量、产品质量趋同及持续合作的潜在保障（Sheen，2014），有利于修复违规企业在供应商方面的声誉。从客户角度来看，并购为企业占据行业中的竞争优势，有助于降低产品成本，进而降低产品的市场定价，最终抢占市场份额。并购带来的生产技术或先进专利的共享也能提高产品质量，满足客户需求（魏志华和朱彩云，2019）。

第三，并购是企业资金和资源丰富的证明。违规处罚引起产品市场对于企业经营状况和资源获取能力的担忧，如果不能保障继续履行与产品相关的承诺，可能导致与供应商和客户的关系破裂。作为主并方发起并购是违规企业实力的一种证明，并购交易需要企业大量资源的投入，也意味着大额的并购对价支付，加之我国上市公司的并购以现金支付为主（张芳芳和刘淑莲，2015），发起并购表明并购方资金较为充裕，即使是通过债务融资支付并购对价，也说明并购方具有较强的融资能力和资源。从供应商角度来看，发起并购是违规企业有能力及时还款和未来购买义务的保障，从客户角度来看，发起并购代表违规企业有丰富的资源能够长期履行对于客户的承诺。因此，违规企业发起并购活动是一种资源保障，满足了产品市场利益相关者的需求，缓和与其在违规处罚后的关系，能够较好地修复企业声誉。

本章提出以下研究假设。

假设 5-3：相对于违规后未发起并购的企业，违规后发起并购的企业能够修复与供应商的关系。

假设 5-4：相对于违规后未发起并购的企业，违规后发起并购的企业能够修复与客户的关系。

第三节　研究设计

一、样本选择与数据来源

本章选取 2008~2017 年中国 A 股上市公司作为初始样本，并按如下标准筛选：（1）在并购事件选择中，仅保留上市公司为买方的并购事件；（2）由于模型中部分变量的计算需用到前一年的年报财务数据，剔除当年刚上市公司的样本；（3）剔除金融机构，特别处理公司样本；（4）违规数据中剔除包含问询函和关注函的事件①；（5）剔除数据不全的样本。最终样本涉及 10 年间 3037 家上市公司的 22958 条观测数据。本章使用的违规处罚数据来源于锐思金融研究数据库重大事项违规处罚统计表，并购数据来

---

① 锐思金融研究数据库（RESSET）的重大事项违规处罚统计表中把证监会和证交所所出具的问询函和关注函也考虑在违规事件中，但是关于这两类情况是否真正属于违规，在学术界存在不同意见。与第四章样本保持一致，本章在统计违规样本时删去了这两种情况。

源于万得数据库。公司财务数据来自万得数据库和国泰安数据库。为了剔除异常值的影响，本章对连续变量在1%和99%水平上进行了缩尾处理。

二、变量定义和模型设计

（一）被解释变量

股东关系。采用权益融资成本衡量企业与股东关系，参考李姝等（2013），以及王化成等（2019）的研究，权益融资成本采用埃斯顿（Easton，2004）提出的市盈率（PEG）模型作为度量指标。已有文献发现，市盈率模型能较为恰当地捕捉到各种风险因素的影响，在中国资本市场的情境下具有更高的科学性和可靠性，能够较好地作为上市公司真实权益资本成本的代理变量（毛新述等，2012）。因此，本书采用市盈率模型来计算企业的权益融资成本。该模型如下：

$$Equitycost_0 = \sqrt{(EPS_2 - EPS_1)/P_0}$$

其中，EPS_2 代表上市公司第二期预测的每股盈余，EPS_1 代表上市公司第一期预测的每股盈余，P_0 代表零期的股票价格。每一期的预测每股盈余取均值。由于权益资本成本计算模型中要求 $EPS_2 - EPS_1 > 0$，因此剔除 $EPS_2 - EPS_1 < 0$ 和数据缺失的公司，从而得到公司的权益融资成本，与债务融资成本对应，本章将权益融资成本乘以 100 进行检验。也因为 PEG 模型的设计原因，权益融资成本缺失值比较多。

债权人关系。参考倪娟等（2019）的研究，采用债务融资成本衡量企业与债权人关系，债务融资成本使用利息支出加上手续费，以及其他财务费用之和作为公司的债务融资费用总和，再除以总负债乘以 100 衡量。在稳健性检验中，本章也尝试使用利息支出占带息负债的比重衡量企业债务融资成本。本章中使用的利息支出、手续费以及其他财务费用均使用财务报表附注的财务费用明细数据。

供应商关系。参考辛清泉等（2019）、陈运森和王汝花（2014），使用商业信用衡量企业与供应商关系，具体来看，商业信用等于企业当年的

（应付票据＋应付账款－预付账款）与前一年该数据的差额，再除以总资产计量。

客户关系。参考辛清泉等（2019），销售收入是企业价值创造的源泉，企业在销售收入方面的表现代表了客户对于企业的认可程度，因此，本章采用企业销售收入与前一年该数据的差额除以总资产衡量企业与客户关系。

（二）解释变量：违规处罚

违规处罚变量（*Fraud*）为企业上一年是否有违规处罚记录，根据锐思金融数据库（RESSET）中重大事项违规处罚数据，如果公司上一年被披露有违规处罚，则取值为1，否则定义为0。一年发生多次违规处罚的情况不累积计算。

（三）控制变量

控制变量参照已有文献的研究（Yuan and Zhang，2016）并与第三章所用控制变量保持一致，包含了公司规模、盈利能力、资产负债率、Z值、成长性、机构投资者持股比例、董事会规模、独立董事比例、两职合一和股权性质。另外，本章也同时控制了年份和行业变量。具体变量符号和定义见表5－1变量的定义与说明。

表5－1 　　　　　　　　　　　　　变量的定义与说明

变量名称	变量符号	变量定义与说明
被解释变量		
权益融资成本	*Equitycost*	采用市盈率模型计算得出
债务融资成本	*Debtcost*	采用企业利息支出加上手续费用，以及其他财务费用之和占总负债的比重衡量
供应商关系	*Supplier*	采用（应付票据＋应付账款－预付账款）当年与上一年的差额除以资产规模衡量
客户关系	*Customer*	采用销售收入当年与上一年的差额除以资产规模衡量
解释变量		
违规处罚	*Fraud*	衡量企业上一年是否有违规处罚记录，有则为1，否则为0

变量名称	变量符号	变量定义与说明
控制变量		
公司规模	*Size*	采用企业总资产的自然对数衡量
盈利能力	*ROA*	采用净利润除以上一年总资产衡量
资产负债率	*LEV*	采用企业总负债除以企业总资产衡量
Z 值	*Zscore*	衡量企业的财务状况和破产风险，参考奥尔特曼（Altman，1968），Z 值的计算公式为：［3.39 × 税前收入 + 销售收入 + 1.49 × 留存收益 + 1.29 ×（流动资产 − 流动负债）］／总资产
托宾 Q	*TobinQ*	采用企业市值除以企业总资产衡量
机构投资者持股	*Insthold*	采用机构投资者持股数占公司总股数的比例衡量
董事会规模	*Board*	采用董事会人数的自然对数衡量
独董比例	*Independ*	采用独立董事占所有董事的比例衡量
两职合一	*Dual*	企业的董事长和总经理是否为同一人担任，有则为 1，否则为 0
国有企业	*SOE*	衡量企业的产权性质。国有企业赋值 1，否则为 0

（四）模型设计

被解释变量中为连续变量，与第 4 章保持一致，使用普通最小二乘法模型进行估计式（5-1）至式（5-4）。为了避免内生性的影响，所有的控制变量均采用滞后一期处理。同样，本章对所有回归系数的标准误在公司层面上进行了稳健处理。

$$
\begin{aligned}
Equitycost_{i,t} = {} & \beta_0 + \beta_1 Fraud_{i,t-1} + \beta_2 Size_{i,t-1} + \beta_3 ROA_{i,t-1} + \beta_4 LEV_{i,t-1} \\
& + \beta_5 Zscore_{i,t-1} + \beta_6 TobinQ_{i,t-1} + \beta_7 Insthold_{i,t-1} + \beta_8 Board_{i,t-1} \\
& + \beta_9 Independ_{i,t-1} + \beta_{10} Dual_{i,t-1} + \beta_{11} SOE_i + Yeardummy \\
& + Industrydummy + \varepsilon_i
\end{aligned} \tag{5-1}
$$

$$
\begin{aligned}
Debtcost_{i,t} = {} & \beta_0 + \beta_1 Fraud_{i,t-1} + \beta_2 Size_{i,t-1} + \beta_3 ROA_{i,t-1} + \beta_4 LEV_{i,t-1} \\
& + \beta_5 Zscore_{i,t-1} + \beta_6 TobinQ_{i,t-1} + \beta_7 Insthold_{i,t-1} + \beta_8 Board_{i,t-1} \\
& + \beta_9 Independ_{i,t-1} + \beta_{10} Dual_{i,t-1} + \beta_{11} SOE_i + Yeardummy \\
& + Industrydummy + \varepsilon_i
\end{aligned} \tag{5-2}
$$

$$Supplier_{i,t} = \beta_0 + \beta_1 Fraud_{i,t-1} + \beta_2 Size_{i,t-1} + \beta_3 ROA_{i,t-1} + \beta_4 LEV_{i,t-1}$$
$$+ \beta_5 Zscore_{i,t-1} + \beta_6 TobinQ_{i,t-1} + \beta_7 Insthold_{i,t-1} + \beta_8 Board_{i,t-1}$$
$$+ \beta_9 Independ_{i,t-1} + \beta_{10} Dual_{i,t-1} + \beta_{11} SOE_i + Yeardummy$$
$$+ Industrydummy + \varepsilon_i \qquad (5-3)$$

$$Customer_{i,t} = \beta_0 + \beta_1 Fraud_{i,t-1} + \beta_2 Size_{i,t-1} + \beta_3 ROA_{i,t-1} + \beta_4 LEV_{i,t-1}$$
$$+ \beta_5 Zscore_{i,t-1} + \beta_6 TobinQ_{i,t-1} + \beta_7 Insthold_{i,t-1} + \beta_8 Board_{i,t-1}$$
$$+ \beta_9 Independ_{i,t-1} + \beta_{10} Dual_{i,t-1} + \beta_{11} SOE_i + Yeardummy$$
$$+ Industrydummy + \varepsilon_i \qquad (5-4)$$

第四节　实证结果分析

一、描述性统计

由于部分被解释变量缺失值的原因，本章观测值较第四章有小幅度减少。从减少比例来看，第四章为 3040 个企业，本章为 3037 个企业，减少幅度为 0.001%；第四章观测值为 22988 个样本，本章为 22958 个样本，减少幅度为 0.001%，从企业数量和观测值来看，减少幅度较小，基本不会对于两章的结论产生重大影响。权益融资成本的观测值较其他观测值更少，原因为计算权益融资成本的 PEG 模型设计原因产生大量缺失值。

由表 5-2 可知，2008~2017 年我国上市公司平均权益融资成本为 9.074，其中最小值为 1.126，最大值为 31.93；平均债务融资成本为 2.15，其中最小值为 0，最大值为 7.243。平均来看，权益融资成本大于债务融资成本，符合企业实际融资情况。从供应商关系来看，供应商平均新增商业信用为 0.013，最小值为 -0.171，最大值为 0.276，中位数为 0.008；从客户关系方面，企业新增销售收入均值为 0.065，最小值为 -0.451，最大值为 0.813。

从违规处罚情况来看，每年平均有 11.5% 的企业披露违规处罚，与第四章没有显著差异。从控制变量来看，样本中企业规模均值为 21.760，最小值为 18.89，最大值为 26.93；企业盈利能力均值为 0.063，最小值为 -0.189，最大值为 0.479；企业的资产负债率均值为 44.86，最小值为 4.654，最大值为 110.9，负债程度在较为合理的范围之内；Z 值的均值为 7.41，最小值为 -0.236，最大值为 60.34，中位数为 3.844，中位数和均值都大于 2.99 的临界值，说明样本企业整体来看财务状况较为良好，破产的可能性相对较小。另外，国有企业平均占比为 40.6%；样本中有 24.9% 的企业存在两职合一的情况。其余变量不再赘述，整体来看本章控制变量与第四章相比没有显著差异。

表 5 - 2 描述性统计

变量	观测值	均值	标准差	最小值	中位数	最大值
权益融资成本	10760	9.074	4.804	1.126	8.356	31.930
债务融资成本	22958	2.150	1.746	0.000	1.925	7.243
供应商关系	22958	0.013	0.054	-0.171	0.008	0.276
客户关系	22958	0.065	0.170	-0.451	0.049	0.813
违规处罚	22958	0.115	0.319	0.000	0.000	1.000
公司规模	22958	21.760	1.340	18.890	21.620	26.930
盈利能力	22958	0.063	0.090	-0.189	0.047	0.479
资产负债率	22958	44.860	22.430	4.654	44.180	110.900
Z 值	22958	7.410	10.310	-0.236	3.844	60.340
托宾 Q	22958	3.160	3.742	0.172	1.972	24.630
机构投资者持股	22958	0.210	0.214	0.000	0.133	0.847
董事会规模	22958	2.268	0.180	1.792	2.303	2.773
独董比例	22958	0.368	0.053	0.250	0.333	0.571
两职合一	22958	0.249	0.432	0.000	0.000	1.000
国有企业	22958	0.406	0.491	0.000	0.000	1.000

表 5 - 3 报告了主要回归变量的皮尔逊相关系数。可以看到违规处罚的变量和被解释变量中代表融资成本的两个变量均呈现正相关关系，且至少在 5% 的水平上显著，说明相对于未违规企业，违规企业的债务融资成本和权益融资成本更高；违规处罚和被解释变量中代表产品市场关系的两个

表 5-3

皮尔逊 (Pearson) 相关系数

变量	(1)	(2)	(3)	(4)	(5)	(6)	(7)	(8)	(9)	(10)	(11)	(12)	(13)	(14)	(15)
(1) 权益融资成本	1														
(2) 债务融资成本	0.119***	1													
(3) 供应商关系	-0.002	-0.127***	1												
(4) 客户关系	-0.024**	-0.069***	0.240***	1											
(5) 违规处罚	0.021**	0.040***	-0.013*	-0.031***	1										
(6) 公司规模	0.187***	0.121***	0.023***	-0.006	0.01	1									
(7) 盈利能力	-0.168***	-0.242***	0.030***	0.107***	-0.105***	-0.108***	1								
(8) 资产负债率	0.229***	0.331***	-0.018***	0.001	0.036***	0.350***	-0.345***	1							
(9) Z值	-0.156***	-0.307***	-0.003	0.037***	0.01	-0.323***	0.298***	-0.612***	1						
(10) 托宾Q	-0.245***	-0.199***	0.019***	0.120***	0.008	-0.507***	0.266***	-0.232***	0.367***	1					
(11) 机构投资者持股	0.002	-0.052***	0.011*	0.067***	0.029***	0.225***	0.046***	-0.009	0.01	-0.047***	1				
(12) 董事会规模	0.071***	0.072***	0.005	-0.01	-0.037***	0.268***	-0.058***	0.139***	-0.149***	-0.189***	0.065***	1			
(13) 独董比例	0.020**	-0.024***	0.004	0.007	0.020***	0.031***	-0.007	-0.021***	0.056***	0.051***	0.011	-0.406***	1		
(14) 两职合一	-0.071***	-0.061***	0.011*	0.019***	0.015***	-0.184***	0.117***	-0.152***	0.135***	0.150***	-0.021***	-0.172***	0.096***	1	
(15) 国有企业	0.102***	0.051***	-0.001	-0.041***	-0.067***	0.356***	-0.190***	0.287***	-0.236***	-0.260***	0.057***	0.263***	-0.053***	-0.286***	1

注: * 为 p<0.1, ** 为 p<0.05, *** 为 p<0.01。

变量中，与供应商关系和客户关系变量呈现负相关关系，且至少在10%的水平上显著，说明相对于未违规企业，违规企业商业信用更少，在产品市场中与供应商关系更差。

从融资成本的角度，企业盈利能力、Z值、成长性与企业融资成本呈显著负相关关系，表明企业盈利能力和成长性越高，财务状况越好，企业融资成本更低。企业的资产负债率与企业融资成本之间均呈现正相关关系，表明企业负债程度越高，融资成本更高。从产品市场的角度，成长性与供应商和客户关系呈显著正相关关系，表明企业成长性越高，在产品市场表现更好。

在表5-3中，其他自变量之间的相关系数均没有超过0.7，因此多重共线性问题并不会严重影响我们的回归分析。本章也对所有的自变量进行了使用方差膨胀因子（VIF）的多重共线性检验，发现平均方差膨胀因子为1.38，所有的方差膨胀因子值都没有超过2，同样不存在严重的多重共线性问题。

表5-4通过均值显著性差异检验分析违规处罚对企业权益融资成本、债务融资成本、供应商关系和顾客关系的影响。按照企业上一年是否有违规处罚记录把企业分为违规组（*Fraud* = 1）和未违规组（*Fraud* = 0），分别计算四个被解释变量的均值并进行均值显著性差异检验。结果显示，从企业融资成本来看，未违规样本组权益融资成本均值为9.041%，违规样本组均值为9.37%，T值为 -2.133（在5%水平上显著）。债务融资成本方面，未违规样本组均值为2.125%，违规样本组均值为2.344%，T值为 -6.078（在1%水平上显著），说明违规企业相对而言融资成本更高，与股东和债权人关系更差。从企业产品市场表现来看，未违规样本组在衡量供应商关系的商业信用均值为0.013，违规样本组均值为0.011，T值为1.949（在10%水平上显著），说明违规企业的商业信用低于未违规企业，与供应商的关系更差。而代表客户关系的销售收入方面，未违规样本组均值为0.067，违规样本组均值为0.051，T值为4.699（在1%水平上显著），说明违规企业的销售收入低于未违规企业，与客户关系更差。整体来看，从融资成本和产品市场表现方面能够在一定程度上证明企业在违规

处罚后受到声誉损失。

表 5 – 4 均值显著性差异检验（T 检验）

变量	未违规组 = 0		违规组 = 1		差异	T 值
	观测值	均值	观测值	均值		
权益融资成本	9679	9.041	1081	9.370	– 0.329 **	– 2.133
债务融资成本	20323	2.125	2635	2.344	– 0.220 ***	– 6.078
供应商关系	20323	0.013	2635	0.011	0.002 *	1.949
客户关系	20323	0.067	2635	0.051	0.017 ***	4.699

注：均值显著性差异的检验方法是 T 检验。* 为 p < 0.1，** 为 p < 0.05，*** 为 p < 0.01。

本章也通过违规处罚分组的均值显著性差异检验分析违规处罚后是否发起并购对企业权益融资成本、债务融资成本、供应商关系和顾客关系的影响。按照违规企业（Fraud = 1）当年是否发起并购把违规企业分为并购组和未并购组，分别与未违规组（Fraud = 0）进行比较，计算四个被解释变量的均值并进行均值显著性差异检验。如表 5 – 5 所示，（1）从企业权益融资成本来看，违规并购样本组均值为 9.034%，与未违规组差异为 0.007%，T 值为 0.033（不显著），违规未并购样本组均值为 9.728%，与未违规组差异为 – 0.687%，T 值为 – 3.176（在 1% 水平上显著），可以看到，违规并购组和未违规组在权益融资成本方面没有显著差异，而违规未并购组的权益融资成本显著高于未违规组；（2）从企业债务融资成本来看，违规并购样本组均值为 2.347%，与未违规组差异为 – 0.222%，T 值为 – 4.331（在 1% 水平上显著），违规未并购样本组均值为 2.343%，与未违规组差异为 – 0.218%，T 值为 – 4.536（在 1% 水平上显著），并购组和未并购组的债务融资成本均显著高于未违规组，没有明显差异；（3）从供应商视角的企业商业信用来看，违规并购样本组均值为 0.015，与未违规组差异为 – 0.002，T 值为 – 1.101（不显著），违规未并购样本组均值为 0.008，与未违规组差异为 0.006，T 值为 3.765（在 1% 水平上显著），说明违规并购组和未违规组在获得的商业信用方面没有显著差异，而违规未并购组获得的商业信用显著低于未违规组；（4）从客户视角的企业销售收入来看，违规并购样本组均值为 0.066，与未违规组差异为 0.001，T 值为

违规处罚

对企业并购的影响研究

0.179（不显著），违规未并购样本组均值为 0.037，与未违规组差异为 0.030，T 值为 6.431（在 1% 水平上显著）。以上结果在一定程度上从融资成本和产品市场绩效角度支持了违规企业发起的并购活动，能够在一定程度上缓解违规给企业声誉造成的负面影响，起到修复声誉的作用。

表 5 - 5　　　　　　　　　　违规处罚分组均值显著性差异检验

变量	未违规组 = 0		违规组 = 1			差异	T 值
	观测值	均值	组别	观测值	均值		
权益融资成本	9679	9.041	并购组	558	9.034	0.007	0.033
			未并购组	523	9.728	- 0.687 ***	- 3.176
债务融资成本	20323	2.125	并购组	1218	2.347	- 0.222 ***	- 4.331
			未并购组	1417	2.343	- 0.218 ***	- 4.536
供应商关系	20323	0.013	并购组	1218	0.015	- 0.002	- 1.101
			未并购组	1417	0.008	0.006 ***	3.765
客户关系	20323	0.067	并购组	1218	0.066	0.001	0.179
			未并购组	1417	0.037	0.030 ***	6.431

注：* 为 $p < 0.1$，** 为 $p < 0.05$，*** 为 $p < 0.01$。

二、多元回归分析

本节通过多元回归分析违规处罚对企业声誉损失的影响以及并购的声誉修复效果，解释变量包括企业权益融资成本、债务融资成本、供应商商业信用和顾客销售收入。

表 5 - 6 汇报了违规处罚对企业与股东关系（权益融资成本）影响的实证结果。其中：模型（1）是全样本的回归结果，结果显示，违规处罚与企业权益融资成本呈现显著正相关关系（在 5% 水平上显著），说明违规处罚带来的声誉损失造成企业的权益融资成本更高，且平均来看，违规企业的权益融资成本高于未违规企业 0.406。

在模型（2）和模型（3）的实证检验中，参考刘行和李小荣（2016）的研究，把样本分为两组：一组是违规后发生并购的样本和未违规样本

（本章称为"并购组"），另一组是违规后未发生并购的样本和未违规样本（本章称为"未并购组"）。以未违规样本为基准衡量违规后企业并购对于股东关系的影响。

表 5－6　　　　　　　　违规处罚对权益融资成本影响的实证结果

变量	权益融资成本		
	全样本	并购组	未并购组
	（1）	（2）	（3）
违规处罚	0. 406 ** (2. 568)	0. 171 (0. 869)	0. 640 *** (2. 771)
公司规模	0. 312 *** (4. 999)	0. 336 *** (5. 297)	0. 314 *** (4. 967)
盈利能力	－ 0. 824 ** （－ 2. 333）	－ 0. 788 ** （－ 2. 131）	－ 0. 777 ** （－ 2. 111）
资产负债率	0. 039 *** (10. 463)	0. 040 *** (10. 307)	0. 041 *** (10. 629)
Z 值	0. 001 (0. 158)	0. 000 (0. 017)	0. 003 (0. 474)
托宾 Q	－ 0. 030 *** （－ 2. 943）	－ 0. 031 *** （－ 2. 709）	－ 0. 034 *** （－ 3. 121）
机构投资者持股	－ 1. 081 *** （－ 4. 058）	－ 1. 113 *** （－ 4. 148）	－ 1. 082 *** （－ 3. 959）
董事会规模	0. 288 (0. 834)	0. 200 (0. 568)	0. 281 (0. 799)
独董比例	2. 589 ** (2. 490)	2. 520 ** (2. 386)	2. 717 ** (2. 554)
两职合一	－ 0. 183 （－ 1. 491）	－ 0. 160 （－ 1. 288）	－ 0. 196 （－ 1. 555）
国有企业	－ 0. 057 （－ 0. 404）	－ 0. 054 （－ 0. 378）	－ 0. 085 （－ 0. 593）
截距	2. 066 (1. 380)	1. 761 (1. 150)	1. 863 (1. 216)

变量	权益融资成本		
	全样本	并购组	未并购组
	（1）	（2）	（3）
行业/年份	控制	控制	控制
观测值	10760	10237	10202
校正决定系数	0.133	0.137	0.134
显著性差异检验	检验系数 = 2.880*　(0.089)		

注：括号内为 t 值，* 为 p < 0.1，** 为 p < 0.05，*** 为 p < 0.01。

具体来看，在"并购组"违规对企业权益融资成本影响的系数为 0.171，与未违规企业相比在统计上没有显著差异；而在"未并购组"，违规对企业权益融资成本影响的系数为 0.640，在 1% 统计水平上显著正相关。说明违规后发起并购的企业权益融资成本不会显著上升，而违规未并购企业的权益融资成本会显著上升。从企业权益融资成本的角度，企业违规后通过发起并购的方式能够在一定程度上弥补监管处罚所造成的声誉损失，假设 5-1 得到验证。同样，为显示两组之间的差异，本章对于两组系数进行了显著性差异检验（Suest 检验），发现检验系数（chi2）为 2.880，在 10% 水平上显著，证实了两组的差异。

控制变量方面，企业盈利能力和成长性与权益融资成本在 1% 统计水平上显著负相关，表明企业盈利能力和成长性越高，企业融资成本更低。企业的资产负债率与企业权益融资成本之间呈现显著正相关关系，表明企业负债程度越高，权益融资成本越高。控制变量结果与相关文献基本一致。

表 5-7 汇报了违规处罚对企业与债权人关系（债务融资成本）影响的实证结果，其中，模型（1）是全样本的回归，结果显示，违规处罚与企业债务融资成本在 1% 统计水平上呈现显著正相关关系，说明违规带来的声誉损失造成企业的债务融资成本更高，且平均来看，违规企业的债务融资成本高于未违规企业 0.169。

在模型（2）和模型（3）的实证检验中，参考刘行和李小荣（2016）

的研究，把样本分为两组：一组是违规后发生并购的样本和未违规样本（称为"并购组"），另一组是违规后未发生并购的样本和未违规样本（称为"未并购组"）。以未违规样本为基准衡量违规后企业并购对于债权人关系的影响。

表 5 – 7　　　　　　　　违规处罚对债务融资成本影响的实证结果

变量	债务融资成本		
	全样本	并购组	未并购组
	（1）	（2）	（3）
违规处罚	0.169 *** （3.643）	0.200 *** （3.566）	0.154 ** （2.338）
公司规模	− 0.078 *** （− 3.138）	− 0.079 *** （− 3.163）	− 0.076 *** （− 3.000）
盈利能力	− 0.595 *** （− 3.541）	− 0.597 *** （− 3.382）	− 0.625 *** （− 3.420）
资产负债率	0.027 *** （18.164）	0.026 *** （17.389）	0.026 *** （17.663）
Z 值	− 0.020 *** （− 8.682）	− 0.020 *** （− 8.545）	− 0.020 *** （− 8.509）
托宾 Q	− 0.040 *** （− 5.205）	− 0.039 *** （− 4.968）	− 0.039 *** （− 4.912）
机构投资者持股	− 0.178 （− 1.628）	− 0.147 （− 1.324）	− 0.178 （− 1.578）
董事会规模	0.105 （0.789）	0.108 （0.814）	0.113 （0.837）
独董比例	0.139 （0.357）	0.216 （0.555）	0.092 （0.236）
两职合一	− 0.082 （− 1.631）	− 0.090 * （− 1.791）	− 0.089 * （− 1.748）
国有企业	− 0.385 *** （− 6.907）	− 0.379 *** （− 6.766）	− 0.392 *** （− 6.896）
截距	3.912 *** （6.522）	3.972 *** （6.664）	3.879 *** （6.378）

对企业并购的影响研究

变量	债务融资成本		
	全样本	并购组	未并购组
	（1）	（2）	（3）
行业/年份	控制	控制	控制
观测值	22958	21541	21740
校正决定系数	0.187	0.186	0.184
显著性差异检验		检验系数 = 0.350 （0.553）	

注：括号内为 t 值，＊为 p < 0.1，＊＊为 p < 0.05，＊＊＊为 p < 0.01。

具体来看，在"并购组"违规对企业债务融资成本影响的系数为 0.200，在 1% 统计水平上显著正相关，在"未并购组"违规对企业债务融资成本影响的系数为 0.154，也在 1% 统计水平上显著正相关。为显示两组之间的差异，本章对于两组系数进行了显著性差异检验（Suest 检验），发现检验系数（chi2）为 0.350，在统计上不显著。结果说明违规会造成企业的债务融资成本上升，并且是否并购对于债务融资的上升并不造成显著影响。从企业债务融资成本的角度，企业违规后通过发起并购的方式可能并不能弥补监管处罚所造成的声誉损失，假设 5 - 2 未能得到验证。可能的原因是，股东能够通过企业的并购活动所带来的规模扩张、股价提升和未来发展中获利，然而债权人可能更多从风险角度考虑资金能否及时足额偿还。并购本身是具有一定风险的投资活动，违规企业发起并购并不能很好的解决债权人所关注的核心问题，因此，对于债权人来说，违规企业发起并购活动可能并不能够修复与债权人的关系。

表 5 - 8 汇报了违规处罚对企业与供应商关系（商业信用）影响的实证结果。模型（1）是全样本的回归结果，结果显示，违规处罚与企业商业信用呈现显著负相关关系（在 5% 水平上显著），说明违规带来的声誉损失造成企业商业信用更少，且平均来看，违规企业的商业信用低于未违规企业 0.002。

与表 5 - 6 保持一致，在模型（2）和模型（3）的实证检验中，参考刘行和李小荣（2016）的研究，把样本分为两组：一组是违规后发生并购的样本和未违规样本（本章称为"并购组"）；另一组是违规后未发生并购的样本和未违规样本（本章称为"未并购组"）。以未违规样本为基准衡量违规后企业并购对于供应商关系的影响。

表 5 – 8　　　　　违规处罚对供应商商业信用影响的实证结果

变量	供应商商业信用		
	全样本	并购组	未并购组
	(1)	(2)	(3)
违规处罚	-0.002** (-2.001)	0.001 (0.707)	-0.006*** (-3.509)
公司规模	0.002*** (5.696)	0.002*** (5.214)	0.002*** (5.371)
盈利能力	0.011** (1.990)	0.009 (1.570)	0.010* (1.666)
资产负债率	-0.000*** (-3.900)	-0.000*** (-2.822)	-0.000*** (-3.285)
Z值	-0.000*** (-4.588)	-0.000*** (-4.025)	-0.000*** (-4.199)
托宾Q	0.001*** (5.229)	0.001*** (4.854)	0.001*** (5.035)
机构投资者持股	0.001 (0.559)	0.002 (0.887)	0.001 (0.315)
董事会规模	0.002 (0.667)	0.002 (0.686)	0.002 (0.837)
独董比例	-0.004 (-0.580)	-0.003 (-0.370)	-0.005 (-0.662)
两职合一	0.001 (1.183)	0.001 (1.274)	0.001 (1.353)
国有企业	0.002** (2.052)	0.002 (1.610)	0.002** (2.151)
上市年限	-0.003*** (-3.425)	-0.002*** (-3.051)	-0.002*** (-2.944)
截距	-0.046*** (-4.863)	-0.046*** (-4.709)	-0.044*** (-4.653)

变量	供应商商业信用		
	全样本	并购组	未并购组
	（1）	（2）	（3）
行业/年份	控制	控制	控制
观测值	22958	21541	21740
校正决定系数	0.018	0.018	0.018
显著性差异检验	检验系数 = 9.460 ***		
	（0.002）		

注：括号内为 t 值，＊为 p < 0.1，＊＊为 p < 0.05，＊＊＊为 p < 0.01。

结果显示在"并购组"违规对企业商业信用影响的系数为 0.001，与未违规企业相比在统计上没有显著差异；而在"未并购组"，违规对企业商业信用影响的系数为 - 0.006，在 1% 统计水平上显著负相关。以上结果说明违规后发起并购的企业商业信用不会显著下降，而违规未并购企业在供应商商业信用方面会显著下降。从供应商商业信用的角度来看，违规处罚后企业通过发起并购的方式能够在一定程度上修复处罚所造成的声誉损失，假设 5 - 3 得到验证。同样，为显示两组系数之间的差异，本章对于两组系数进行了显著性差异检验（Suest 检验），发现检验系数（chi2）为 9.460，在 1% 水平上显著，证实了假设 5 - 3 的结论。

表 5 - 9 汇报了违规处罚对企业与客户关系（销售收入）影响的实证结果。模型（1）是全样本的回归结果，结果显示，违规处罚与企业客户关系的替代变量销售收入呈现显著负相关关系（在 1% 水平上显著），说明违规带来的声誉损失造成企业销售收入更低，且平均来看，违规企业的销售收入低于未违规企业 0.007。

与表 5 - 8 保持一致，在模型（2）和模型（3）的实证检验中，参考刘行和李小荣（2016）的研究，把样本分为两组：一组是违规后发生并购的样本和未违规样本（本章称为"并购组"），另一组是违规后未发生并购的样本和未违规样本（本章称为"未并购组"）。以未违规样本为基准衡量违规后企业并购对于客户关系的影响。

第五章 违规处罚、企业并购与声誉修复

113

表 5 - 9　　　　　　　　　违规处罚对销售收入影响的实证结果

变量	销售收入		
	全样本	并购组	未并购组
	(1)	(2)	(3)
违规处罚	-0.007** (-2.000)	0.007 (1.343)	-0.020*** (-3.968)
公司规模	0.014*** (9.577)	0.014*** (8.914)	0.014*** (9.178)
盈利能力	0.084*** (4.747)	0.079*** (4.305)	0.082*** (4.517)
资产负债率	0.000 (0.976)	0.000* (1.724)	0.000 (1.640)
Z 值	-0.000*** (-3.014)	-0.000** (-2.240)	-0.000** (-2.197)
托宾 Q	0.008*** (14.654)	0.008*** (14.332)	0.008*** (14.074)
机构投资者持股	0.036*** (5.547)	0.038*** (5.705)	0.036*** (5.527)
董事会规模	-0.007 (-0.726)	-0.004 (-0.446)	-0.005 (-0.535)
独董比例	-0.005 (-0.195)	-0.005 (-0.169)	0.001 (0.031)
两职合一	0.000 (0.089)	-0.000 (-0.053)	-0.000 (-0.106)
国有企业	-0.013*** (-3.576)	-0.013*** (-3.449)	-0.013*** (-3.594)
截距	-0.253*** (-7.272)	-0.248*** (-6.972)	-0.253*** (-7.186)
行业/年份	控制	控制	控制
观测值	22958	21541	21740
校正决定系数	0.091	0.093	0.093
显著性差异检验	检验系数 = 14.920 (0.000)		

注: 括号内为 t 值, * 为 $p < 0.1$, ** 为 $p < 0.05$, *** 为 $p < 0.01$。

违规处罚对企业并购的影响研究

结果显示在"并购组"违规对企业销售收入影响的系数为 0.007，与未违规企业相比在统计上不显著；而在"未并购组"，违规对企业销售收入影响的系数为 -0.020，在 1% 统计水平上显著负相关。在两组中从系数和显著性上有一定差异。本章对两组系数进行显著性差异检验（Suest 检验），发现检验系数（chi2）为 14.920，在 1% 水平上显著，说明相对于违规后发起并购的企业，违规未并购企业在销售收入方面会更为显著的下降。从企业销售收入的角度来看，违规处罚后企业通过发起并购的方式能够在一定程度上修复企业受损声誉，假设 5-4 得到验证。

第五节　进一步分析

本章首先探讨违规处罚对企业融资额度的影响；其次对于供应商和客户类型进行细分，主要从供应商和客户的规模大小方面分析企业违规后的声誉损失和剩余修复的差异性。进一步分析不仅能够为本章的研究结果提供更多和更为深入的信息，也对研究结果的可靠性进行了一定程度的验证。

一、融资额度的分析

违规行为使投资者对公司信息披露的可信度产生怀疑，增加了投资者在评估公司业绩时的估计风险。因此，在违规处罚后，公司内部人和外部资本提供者之间感知到的信息不对称增加，进而对公司融资产生负面影响。负面影响表现为：一方面，可能表现在融资成本的增加；另一方面，也可能更为直接地表现为减少融资额度的提供（Yuan and Zhang，2016）。在本章主假设部分检验了违规处罚对于融资成本的影响及并购的声誉修复作用，该部分从融资的另一个视角，检验了违规处罚对于融资额度的影响及并购是否仍然具有声誉修复作用。

参考吴超鹏等（2012）的研究，公司融资额度使用三种方式度量：第一，债务融资额，使用当年的短期借款、一年内到期的长期借款、长期借款、应付债券和长期应付款的增加值除以年初总资产衡量；第二，权益融资额，使用当年外部权益净增加值（账面权益的净增加值减去留存收益的净增加值）除以年初总资产衡量；第三，总融资额，等于债务融资额与权益融资额之和。

表5-10汇报了违规处罚对企业融资额度影响的实证结果。其中列（1）~列（3）为总融资额的回归结果，列（4）~列（6）为权益融资额的回归结果，列（7）~列（9）为债务融资额的回归结果。从列（1）总融资额来看，违规处罚与总融资额的系数在1%统计水平上显著负相关，说明违规企业的融资额度显著低于未违规企业。

与假设部分保持一致，参考刘行和李小荣（2016）的研究，把样本分为两组：一组是违规后发生并购的样本和未违规样本（本章称为"并购组"）；另一组是违规后未发生并购的样本和未违规样本（"未并购组"）。以未违规样本为基准衡量违规后企业并购对于融资额度的影响。列（2）~列（3）结果显示在"并购组"违规对企业总融资额影响的系数为0.009，在5%水平上显著高于未违规企业；而在"未并购组"，违规对企业总融资额影响的系数为-0.025，在1%统计水平上显著负相关。说明违规后发起并购的企业总融资额有一定提升，而违规未并购企业的总融资额会显著下降。从权益融资额的角度，列（4）显示企业违规的系数在10%统计水平上显著负相关，说明违规企业的权益融资额度显著低于未违规企业。列（5）~列（6）显示在"并购组"违规对企业权益融资额影响的系数为0.005，与未违规企业相比在统计上没有显著差异；而在"未并购组"，违规对企业权益融资额影响的系数为-0.012，在1%统计水平上显著负相关。说明违规后发起并购的企业权益融资额不会显著下降，而违规未并购企业的权益融资额会显著下降。从债务融资额的角度，列（7）显示违规的系数为-0.004，在1%统计上显著为负，说明违规企业的债务融资额度显著低于未违规企业。列（8）~列（9）分组检验显示在"并购组"违规对企业债务融资额的影响显著为正，而在"未并购组"违规对企业债务融资额的影响显著为负（在1%统计水平上显著）。可能的原因是违规后发起并购的企业需要更多的资金来支持并购活动[①]，由于中国企业更多倾向于向银行举债而非公开权益市场，因此"并购组"企业反而债务融资额更高。而"未并购组"的声誉损失造成债务融资额显著下降。以上结论基本符合本章的预期，进一步证明了违规企业发起的并购活动具有一定的声誉修复效果。也与陈等（2013）的研究中所提出的企业违规后更依赖于银行债务融资，而股权融资更少相符。

表 5 – 10　　　　　违规处罚对企业融资额度影响的实证结果

变量	总融资额			外部权益融资额			债务融资额		
	全样本	并购组	未并购组	全样本	并购组	未并购组	全样本	并购组	未并购组
	（1）	（2）	（3）	（4）	（5）	（6）	（7）	（8）	（9）
违规处罚	- 0.009 ***	0.009 **	- 0.025 ***	- 0.004 *	0.005	- 0.012 ***	- 0.004 *	0.006 **	- 0.012 ***
	（- 2.914）	（2.035）	（- 5.895）	（- 1.646）	（1.340）	（- 3.536）	（- 1.864）	（1.966）	（- 4.326）
公司规模	0.006 ***	0.004 ***	0.006 ***	- 0.005 ***	- 0.006 ***	- 0.005 ***	0.010 ***	0.010 ***	0.010 ***
	（4.829）	（3.557）	（4.657）	（- 4.924）	（- 5.622）	（- 4.706）	（15.626）	（14.961）	（15.250）
盈利能力	0.046 ***	0.042 ***	0.038 ***	0.062 ***	0.057 ***	0.060 ***	0.001	0.002	- 0.003
	（3.385）	（2.879）	（2.627）	（4.760）	（4.105）	（4.196）	（0.140）	（0.259）	（- 0.403）
资产负债率	- 0.000 **	- 0.000	- 0.000 **	0.000 **	0.000 **	0.000 **	- 0.000 ***	- 0.000 ***	- 0.000 ***
	（- 2.165）	（- 1.399）	（- 2.079）	（2.260）	（2.117）	（2.167）	（- 9.186）	（- 7.591）	（- 9.157）
Z 值	- 0.003 ***	- 0.003 ***	- 0.003 ***	- 0.003 ***	- 0.003 ***	- 0.003 ***	- 0.000 ***	- 0.000 ***	- 0.000 ***
	（- 24.856）	（- 24.701）	（- 25.087）	（- 25.611）	（- 25.836）	（- 26.168）	（- 3.642）	（- 2.969）	（- 3.449）
托宾 Q	0.019 ***	0.019 ***	0.019 ***	0.017 ***	0.017 ***	0.017 ***	0.002 ***	0.002 ***	0.001 ***
	（23.244）	（22.390）	（22.832）	（22.322）	（21.915）	（22.433）	（5.600）	（5.196）	（5.143）
机构投资者持股	- 0.003	- 0.004	- 0.006	- 0.005	- 0.005	- 0.006	0.001	0.000	- 0.001
	（- 0.609）	（- 0.871）	（- 1.128）	（- 1.370）	（- 1.343）	（- 1.487）	（0.242）	（0.057）	（- 0.471）
董事会规模	- 0.014 **	- 0.015 **	- 0.011	- 0.018 ***	- 0.019 ***	- 0.016 ***	0.004	0.004	0.006
	（- 1.984）	（- 2.218）	（- 1.597）	（- 3.241）	（- 3.439）	（- 2.930）	（1.132）	（1.055）	（1.482）

---

①　我国政府为推动企业并购，多次强调加大对于并购的金融支持力度，包括引导商业银行积极稳妥开展并购贷款业务，扩大并购的贷款规模，以及鼓励符合条件的企业通过企业债券等方式融资参与并购。2008 年中国银行业监督管理委员会（以下简称"银监会"）出台《商业银行并购贷款风险管理指引》，允许符合条件的商业银行开办并购贷款业务。2015 年银监会对《商业银行并购贷款风险管理指引》进行修订，进一步加大并购贷款的支持力度。

变量	总融资额			外部权益融资额			债务融资额		
	全样本	并购组	未并购组	全样本	并购组	未并购组	全样本	并购组	未并购组
	(1)	(2)	(3)	(4)	(5)	(6)	(7)	(8)	(9)
独董比例	−0.070 ***	−0.065 ***	−0.074 ***	−0.085 ***	−0.083 ***	−0.090 ***	0.014	0.016	0.015
	(−3.292)	(−3.018)	(−3.405)	(−4.677)	(−4.425)	(−4.859)	(1.257)	(1.458)	(1.336)
两职合一	0.012 ***	0.013 ***	0.012 ***	0.012 ***	0.012 ***	0.012 ***	0.001	0.001	0.001
	(4.859)	(4.989)	(4.781)	(5.587)	(5.414)	(5.491)	(0.847)	(1.075)	(0.915)
国有企业	−0.023 ***	−0.023 ***	−0.024 ***	−0.018 ***	−0.018 ***	−0.019 ***	−0.005 ***	−0.005 ***	−0.005 ***
	(−9.829)	(−9.660)	(−9.975)	(−9.544)	(−9.640)	(−9.743)	(−3.872)	(−3.505)	(−3.761)
截距	−0.003	0.030	−0.008	0.200 ***	0.223 ***	0.195 ***	−0.196 ***	−0.188 ***	−0.197 ***
	(−0.110)	(1.031)	(−0.292)	(8.590)	(9.269)	(8.256)	(−12.261)	(−11.602)	(−12.103)
行业/年份	控制	控制	控制	控制	控制	控制	控制	控制	控制
观测值	22958	21541	21740	22958	21541	21740	22958	21541	21740
校正决定系数	0.222	0.233	0.230	0.297	0.309	0.307	0.046	0.045	0.048

注：括号内为 t 值，* 为 $p < 0.1$，** 为 $p < 0.05$，*** 为 $p < 0.01$。

二、供应商和客户规模的分析

在产品市场方面，供应商和客户分别处于企业产品市场的上游和下游，然而，不同的供应商和客户类型对于公司违规的看法可能不一致，或者说，出于与违规公司的关系紧密度的不同，在观察到公司的不端行为之后，与公司减少或终止交易的意愿和成本可能有差异。本部分希望考察在观测到公司违规后，规模较大和规模较小的两类供应商与客户，哪类会更倾向于减少与公司的商品交易，声誉损失在哪种产品市场合作者方面更为明显，以及并购在声誉修复方面的针对性。从减少交易的意愿来看，企业违规行为的披露导致客户与供应商重新评估违规公司履行产品市场合约的能力和激励，必然由此影响到后续的交易行为。但是规模较大的供应商和客户与违规公司交易更频繁，具有更强的信息优势，能够通过私有渠道更为精确地了解公司的真实状况，可能并不通过证券市场公开披露的信息进行决策；另外，产品市场上的大宗交易可能更多通过交易双方的关系网络等机制来维系，这样的关系网络可能较少因为监管处罚产生影响，企业并购带来的声誉修复效果也不会很明显。从减少交易的成本来看，与违规公司合作的规模较大的供应商和客户在长期与公司的合作中持有大量专用性投资，也因此同公司存在一种更紧密的合作关系，从而导致其减少与终止同违规公司的商业交易可能面临更高的成本，也更少受到企业并购的声誉影响。综合上述情况来看，相比于规模较大的供应商和客户，规模较小的产品市场合作者可能更倾向于减少或终止同违规公司的交易往来，声誉损失在规模较小的供应商和客户方面表现得更明显，企业并购带来的声誉修复也应该在这种情况下有较好的表现。

参考辛清泉等（2019）的研究，本章通过国泰安数据库取得上市公司年度报告中披露的来自前五大供应商的采购金额和来自前五大客户的销售金额数据[①]。本章的大供应商采购额使用来自前五大供应商的采购金额除以上一年总资产衡量，中小供应商采购额以其他供应商的采购金额除以上一年总资产衡量。表 5 – 11 汇报了企业违规对供应商采购额影响的实证结果，其中列（1）～列（3）为大供应商的回归结果，列（4）～列（6）为中小供应商的回归结果。列（1）和列（4）结果显示，企业违规对大供应商采购额的影响不显著，而对中小供应商采购额方面，企业违规的系数为 – 0.011，在 5% 统计水平上显著，说明企业违规会造成中小供应商采购额下降。在中小供应商方面，列（5）和列（6）分组检验的结果发现，在"并购组"企业违规系数为 – 0.002，与未违规企业相比在统计上没有显著差异；而在"未并购组"，违规对企业中小供应商采购额影响的系数为 – 0.022，在 1% 统计水平上显著负相关。说明违规后发起并购的企业供应商采购额不会显著下降，而违规未并购企业的供应商采购额会显著下降。以上结论基本符合本章的预期，进一步证明了在供应商角度，违规企业发起的并购活动具有一定的声誉修复效果。

---

① 在 CSMAR 中"前五大客户、供应商情况表"中数据缺失较多，因此在表 5 – 11 和表 5 – 12 中样本数量少于主回归中的样本数量。

表 5－11　　　　违规处罚对不同供应商采购额影响的实证结果

变量	大供应商			中小供应商		
	全样本	并购组	未并购组	全样本	并购组	未并购组
	（1）	（2）	（3）	（4）	（5）	（6）
违规处罚	0.002 （0.256）	0.004 （0.507）	－0.002 （－0.170）	－0.011 ** （－2.012）	－0.001 （－0.173）	－0.022 *** （－2.851）
公司规模	－0.016 *** （－6.143）	－0.017 *** （－6.080）	－0.018 *** （－6.614）	0.024 *** （10.021）	0.024 *** （9.617）	0.022 *** （9.147）
盈利能力	－0.016 （－0.426）	－0.037 （－0.943）	0.008 （0.213）	0.259 *** （9.135）	0.250 *** （8.484）	0.269 *** （9.037）
资产负债率	0.002 *** （12.233）	0.002 *** （12.231）	0.002 *** （12.102）	0.002 *** （14.594）	0.002 *** （14.369）	0.002 *** （15.233）
Z 值	0.000 （0.659）	0.000 （0.984）	0.000 （0.799）	－0.002 *** （－11.144）	－0.002 *** （－10.721）	－0.002 *** （－10.384）
托宾 Q	0.011 *** （8.131）	0.011 *** （8.106）	0.011 *** （7.682）	0.007 *** （7.693）	0.007 *** （7.517）	0.007 *** （7.257）
机构投资者持股	0.004 （0.337）	0.005 （0.460）	－0.003 （－0.272）	0.032 *** （3.212）	0.033 *** （3.257）	0.032 *** （3.192）
董事会规模	－0.070 *** （－4.819）	－0.066 *** （－4.429）	－0.060 *** （－4.099）	－0.031 ** （－2.407）	－0.036 *** （－2.661）	－0.031 ** （－2.297）
独董比例	－0.135 *** （－3.096）	－0.139 *** （－3.093）	－0.122 *** （－2.735）	－0.032 （－0.747）	－0.051 （－1.177）	－0.034 （－0.789）
两职合一	－0.010 ** （－1.972）	－0.007 （－1.306）	－0.008 （－1.493）	－0.008 * （－1.929）	－0.008 * （－1.692）	－0.008 * （－1.836）
国有企业	0.008 （1.449）	0.008 （1.419）	0.009 （1.604）	0.008 （1.640）	0.010 ** （1.988）	0.010 * （1.917）
截距	0.567 *** （9.520）	0.567 *** （9.187）	0.576 *** （9.470）	－0.180 *** （－3.080）	－0.157 ** （－2.574）	－0.162 *** （－2.702）
行业/年份	控制	控制	控制	控制	控制	控制
观测值	14694	13635	13681	14592	13542	13582
校正决定系数	0.099	0.103	0.097	0.229	0.232	0.235

注：括号内为 t 值，* 为 p＜0.1，** 为 p＜0.05，*** 为 p＜0.01。

表 5－12 汇报了企业违规对不同类型的客户销售额影响的实证结果，

其中列（1）~列（3）为大客户的回归结果，列（4）~列（6）为中小客户的回归结果。其中，列（1）和（4）全样本结果显示，违规处罚对大客户销售额的影响不显著，而在中小客户方面，违规的系数为 - 0.022，在5%统计水平上显著，说明违规处罚会更多地造成中小客户销售额下降。在中小客户部分，列（5）和列（6）分组检验的结果发现，在"并购组"企业违规系数为 - 0.006，与未违规企业相比在统计上没有显著差异；而在"未并购组"，违规对企业中小客户销售额影响的系数为 - 0.036，在1%统计水平上显著负相关。以上结果在一定程度上说明违规后未发起并购的企业在客户销售额方面下降的趋势更为明显。以上结论基本符合本章的预期，进一步证明了在客户角度，违规企业发起的并购活动具有一定的声誉修复效果。

表 5 - 12　　　　　　违规处罚对不同客户销售额影响的实证结果

变量	大客户			中小客户		
	全样本	并购组	未并购组	全样本	并购组	未并购组
	(1)	(2)	(3)	(4)	(5)	(6)
违规处罚	- 0.002 (- 0.320)	0.002 (0.327)	- 0.006 (- 0.827)	- 0.022 ** (- 2.083)	- 0.006 (- 0.379)	- 0.036 *** (- 2.681)
公司规模	- 0.023 *** (- 12.677)	- 0.023 *** (- 12.588)	- 0.024 *** (- 13.266)	0.055 *** (14.140)	0.055 *** (13.475)	0.054 *** (13.539)
盈利能力	0.176 *** (6.748)	0.166 *** (6.104)	0.193 *** (7.169)	0.541 *** (9.913)	0.539 *** (9.392)	0.553 *** (9.821)
资产负债率	0.002 *** (14.572)	0.002 *** (14.653)	0.002 *** (14.823)	0.003 *** (11.047)	0.003 *** (11.278)	0.003 *** (11.073)
Z 值	- 0.001 *** (- 4.338)	- 0.001 *** (- 3.846)	- 0.001 *** (- 4.129)	- 0.002 *** (- 5.033)	- 0.002 *** (- 4.486)	- 0.002 *** (- 4.654)
托宾 Q	0.017 *** (16.774)	0.017 *** (16.560)	0.017 *** (16.121)	0.029 *** (12.686)	0.029 *** (12.299)	0.028 *** (12.179)
机构投资者持股	0.014 * (1.647)	0.017 * (1.875)	0.014 (1.562)	0.048 *** (2.699)	0.052 *** (2.820)	0.042 ** (2.339)
董事会规模	- 0.003 (- 0.301)	- 0.002 (- 0.191)	- 0.000 (- 0.006)	- 0.017 (- 0.760)	- 0.012 (- 0.543)	- 0.013 (- 0.554)

变量	大客户			中小客户		
	全样本	并购组	未并购组	全样本	并购组	未并购组
	(1)	(2)	(3)	(4)	(5)	(6)
独董比例	-0.044 (-1.263)	-0.045 (-1.285)	-0.044 (-1.242)	-0.153** (-2.233)	-0.156** (-2.225)	-0.132* (-1.870)
两职合一	-0.013*** (-3.528)	-0.012*** (-3.218)	-0.011*** (-2.927)	-0.018** (-2.370)	-0.018** (-2.262)	-0.018** (-2.351)
国有企业	0.032*** (8.195)	0.032*** (7.935)	0.033*** (8.161)	0.014* (1.716)	0.014* (1.669)	0.016* (1.874)
截距	0.551*** (12.330)	0.559*** (12.236)	0.574*** (12.648)	-0.801*** (-8.676)	-0.800*** (-8.404)	-0.799*** (-8.482)
行业/年份	控制	控制	控制	控制	控制	控制
观测值	20460	19176	19347	20427	19147	19317
校正决定系数	0.146	0.151	0.149	0.204	0.209	0.205

注: 括号内为 t 值, * 为 p<0.1, ** 为 p<0.05, *** 为 p<0.01。

第六节 稳健性检验

在稳健性检验部分,本章通过变量度量方式的替换、内生性问题、调整样本三个方面进行了测试,本节结果与前面研究结果基本保持一致,确保了本章研究结论的可靠性。

一、变量替换

(一) 权益融资成本的变量替换

参考张然等 (2012) 的研究,采用资本资产定价模型 (CAPM) 计算企业股权资本成本。根据资本资产定价模型: $K_e = R_f + \beta(R_m - R_f)$,其中 R_f 采用国债的利率作为无风险利率,市场预期收益率 R_m 通过 A 股市场考

对企业并购的影响研究

虑现金红利再投资的综合年市场回报率得到，β 值使用 CSMAR 数据库的综合市场年 Beta 值，以此检验违规对于企业权益融资成本的影响及违规企业发起的并购是否产生声誉修复效果。如表 5 – 13 所示，其中，列（1）为全样本的检验，列（2）和列（3）把违规样本分为"并购组"和"未并购组"，分别与未违规样本进行比较。可以看到，列（1）全样本检验中相对于未违规企业，违规企业的权益融资成本显著上升，列（2）和列（3）分组检验显示在"并购组"和"未并购组"违规对企业权益融资成本的影响都是显著正相关，但是两组之间的系数有一定差异。为更好地显示组间差异，本节对两组系数进行了显著性差异检验（Suest 检验），发现检验系数（chi2）为 2.72，在 10% 水平上显著。结果说明违规后发起并购的企业权益融资成本上升的幅度更小，企业违规后通过发起并购的方式能够在权益融资成本方面弥补监管处罚所造成的声誉损失，本章的结论是稳健的。

表 5 – 13　　　　　稳健性检验——替换权益融资成本

变量	权益融资成本		
	全样本	并购组	未并购组
	（1）	（2）	（3）
违规处罚	0. 064 ***	0. 051 ***	0. 093 ***
	（5. 297）	（2. 894）	（4. 942）
公司规模	0. 040 ***	0. 045 ***	0. 050 ***
	（5. 084）	（7. 511）	（5. 425）
盈利能力	0. 004	0. 003	0. 005
	（0. 426）	（0. 284）	（0. 476）
资产负债率	0. 002 ***	− 0. 000	0. 000
	（5. 883）	（− 1. 131）	（1. 128）
Z 值	0. 002 **	0. 001	− 0. 001
	（2. 177）	（1. 468）	（− 1. 070）
托宾 Q	0. 029 ***	0. 029 ***	0. 036 ***
	（12. 319）	（11. 999）	（12. 517）
机构投资者持股	0. 179 ***	0. 149 ***	0. 220 ***
	（6. 618）	（6. 752）	（6. 548）

变量	权益融资成本		
	全样本	并购组	未并购组
	（1）	（2）	（3）
董事会规模	0.019 (0.539)	0.009 (0.332)	0.031 (0.703)
独董比例	0.141 (1.282)	0.124 (1.417)	0.254 * (1.899)
两职合一	−0.015 (−1.183)	−0.011 (−1.012)	−0.024 (−1.468)
国有企业	−0.068 *** (−5.408)	−0.057 *** (−5.959)	−0.065 *** (−4.318)
截距	−1.830 *** (−10.137)	−1.933 *** (−14.396)	−2.068 *** (−9.344)
行业/年份	控制	控制	控制
观测值	19155	13602	18174
校正决定系数	0.512	0.558	0.593

注：括号内为 t 值，* 为 $p < 0.1$，** 为 $p < 0.05$，*** 为 $p < 0.01$。

（二）债务融资成本的变量替换

参考倪娟等（2019）的研究，采用利息支出占总负债的比重衡量企业债务融资成本，检验违规对于企业债务融资成本的影响及违规企业发起的并购能否产生声誉修复效果。如表 5 − 14 所示，其中，列（1）为全样本的检验，列（2）和列（3）把违规样本分为"并购组"和"未并购组"，分别与未违规样本进行比较。可以看到，列（1）全样本检验中相对于未违规企业，违规企业的利息支出显著上升，列（2）和列（3）分组检验显示在"并购组"和"未并购组"违规对企业利息支出的影响都是显著正相关。为显示两组之间的差异，本节对于两组系数进行了显著性差异检验（Suest 检验），发现检验系数（chi2）并不显著。结果同样说明企业违规后通过发起并购的方式在债务融资成本方面可能难以弥补监管处罚所造成的声誉损失。

表 5 – 14　　　　　　　　　稳健性检验——替换债务融资成本

变量	利息支出		
	全样本	并购组	未并购组
	(1)	(2)	(3)
违规处罚	0.137 ***	0.193 ***	0.100 **
	(4.296)	(4.614)	(2.238)
公司规模	−0.043 ***	−0.043 ***	−0.044 ***
	(−4.075)	(−3.913)	(−4.032)
盈利能力	−0.003 **	−0.003 **	−0.003 ***
	(−2.453)	(−2.435)	(−2.705)
资产负债率	0.024 ***	0.023 ***	0.024 ***
	(35.234)	(32.831)	(34.125)
Z 值	−0.021 ***	−0.021 ***	−0.021 ***
	(−18.395)	(−18.175)	(−17.823)
托宾 Q	−0.049 ***	−0.049 ***	−0.049 ***
	(−12.762)	(−12.561)	(−12.467)
机构投资者持股	−0.227 ***	−0.218 ***	−0.230 ***
	(−4.495)	(−4.209)	(−4.394)
董事会规模	0.075	0.072	0.090
	(1.141)	(1.077)	(1.352)
独董比例	0.367 *	0.404 *	0.325
	(1.802)	(1.933)	(1.555)
两职合一	−0.080 ***	−0.075 ***	−0.092 ***
	(−3.319)	(−3.039)	(−3.707)
国有企业	−0.321 ***	−0.313 ***	−0.328 ***
	(−13.396)	(−12.624)	(−13.296)
截距	3.038 ***	3.103 ***	3.034 ***
	(11.161)	(11.134)	(10.907)
行业/年份	控制	控制	控制
观测值	22958	21541	21740
校正决定系数	0.238	0.237	0.236

注：括号内为 t 值，* 为 $p < 0.1$，** 为 $p < 0.05$，*** 为 $p < 0.01$。

（三）供应商商业信用的变量替换

采用应付账款除以上一年总资产替换供应商商业信用，用以衡量企业与供应商关系。如表 5 – 15 所示，其中，列（1）为全样本的检验，列（2）和列（3）把违规样本分为"并购组"和"未并购组"，分别与未违规样本进行比较。可以看到，列（1）全样本检验中相对于未违规企业，违规企业的应付账款更低，显示了违规后在供应商方面的声誉损失；列（2）和列（3）分组检验显示在"并购组"违规企业和未违规企业的应付账款没有显著差异，而在"未并购组"违规对企业应付账款的影响显著负相关。组间差异检验（Suest 检验）发现两组间检验系数（chi2）为 2.91，在 10% 水平上显著。结果说明违规后发起并购的企业应付账款下降的幅度更大，企业违规后通过发起并购的方式能够在供应商的应付账款方面弥补监管处罚所造成的声誉损失，本章的结论是稳健的。

表 5 – 15   稳健性检验——替换供应商商业信用

变量	应付账款		
	全样本	并购组	未并购组
	（1）	（2）	（3）
违规处罚	-0.006 *** (-3.172)	-0.003 (-1.238)	-0.009 *** (-3.573)
公司规模	0.000 (0.202)	0.000 (0.053)	-0.000 (-0.068)
盈利能力	0.046 *** (3.950)	0.047 *** (3.789)	0.047 *** (3.937)
资产负债率	0.001 *** (13.673)	0.001 *** (14.129)	0.001 *** (13.908)
Z 值	-0.001 *** (-11.778)	-0.001 *** (-11.030)	-0.001 *** (-11.167)
托宾 Q	0.005 *** (11.653)	0.005 *** (11.450)	0.005 *** (11.148)
机构投资者持股	0.009 * (1.732)	0.009 (1.598)	0.009 * (1.782)

变量	应付账款		
	全样本	并购组	未并购组
	（1）	（2）	（3）
董事会规模	-0.001 （-0.087）	-0.000 （-0.004）	-0.001 （-0.111）
独董比例	-0.025 （-1.213）	-0.026 （-1.244）	-0.028 （-1.323）
两职合一	0.001 （0.474）	0.001 （0.386）	0.002 （0.781）
国有企业	0.014*** （4.530）	0.014*** （4.419）	0.015*** （4.754）
截距	-0.007 （-0.218）	-0.006 （-0.189）	-0.000 （-0.002）
行业/年份	控制	控制	控制
观测值	22958	21541	21740
校正决定系数	0.222	0.222	0.225

注：括号内为 t 值，* 为 $p<0.1$，** 为 $p<0.05$，*** 为 $p<0.01$。

（四）客户关系的变量替换

采用主营业务收入除以资产总额替换主营业务收入增长率，用以衡量企业与客户关系。如表 5-16 所示，其中，列（1）为全样本的检验，列（2）和列（3）把违规样本分为"并购组"和"未并购组"，分别与未违规样本进行比较。可以看到，列（1）全样本检验中相对于未违规企业，违规企业的主营业务收入更低，表现了企业在违规后的声誉损失；列（2）和列（3）分组检验显示在"并购组"违规对企业主营业务收入的影响并不显著，而在"未并购组"违规对企业主营业务收入的影响显著负相关，组间差异检验（Suest 检验）发现两组间检验系数（chi2）为 4.85，在 5%水平上显著。结果与本章假设基本一致，说明企业违规后通过发起并购的方式在修复客户声誉方面能够取得一定的效果。

表 5 – 16　　　　　　　　　　稳健性检验——替换销售收入

变量	主营业务收入		
	全样本	并购组	未并购组
	(1)	(2)	(3)
违规处罚	- 0. 037 *** (- 3. 052)	- 0. 011 (- 0. 602)	- 0. 060 *** (- 3. 841)
公司规模	0. 040 *** (9. 166)	0. 038 *** (8. 455)	0. 036 *** (8. 197)
盈利能力	0. 681 *** (10. 446)	0. 659 *** (9. 582)	0. 724 *** (10. 832)
资产负债率	0. 004 *** (13. 712)	0. 005 *** (13. 939)	0. 004 *** (14. 161)
Z 值	- 0. 003 *** (- 6. 142)	- 0. 003 *** (- 5. 432)	- 0. 003 *** (- 5. 710)
托宾 Q	0. 047 *** (17. 560)	0. 047 *** (17. 150)	0. 045 *** (16. 699)
机构投资者持股	0. 059 *** (3. 039)	0. 066 *** (3. 253)	0. 055 *** (2. 795)
董事会规模	- 0. 021 (- 0. 841)	- 0. 017 (- 0. 681)	- 0. 012 (- 0. 492)
独董比例	- 0. 230 *** (- 3. 012)	- 0. 244 *** (- 3. 133)	- 0. 222 *** (- 2. 865)
两职合一	- 0. 021 ** (- 2. 475)	- 0. 022 ** (- 2. 474)	- 0. 019 ** (- 2. 103)
国有企业	0. 063 *** (6. 849)	0. 061 *** (6. 494)	0. 064 *** (6. 824)
截距	- 0. 384 *** (- 3. 770)	- 0. 350 *** (- 3. 335)	- 0. 336 *** (- 3. 248)
行业/年份	控制	控制	控制
观测值	22958	21541	21740
校正决定系数	0. 224	0. 229	0. 227

注：括号内为 t 值，* 为 p < 0. 1，** 为 p < 0. 05，*** 为 p < 0. 01。

二、内生性问题

　　本章的结论可能受到内生性问题的局限。由于违规"并购组"和违规

"未并购"两组之间，或与未违规公司在某些公司特征上本来存在差异，违规处罚对于公司融资成本和产品市场绩效的影响可能是由于这些公司特征的差异造成的。为增强结论的可靠性，本节使用倾向值得分匹配方法（PSM）控制内生性问题。

本节使用所有控制变量对于不同组别进行匹配，为了使所选择的匹配变量确实能够显著影响公司违规处罚，采用后向选择，逐一剔除不显著的变量。在匹配变量筛选的基础上，本节的匹配结果满足共同支撑假设和平衡假设，使用最邻近匹配（1:1）方法。

本节从三个不同方面进行了组间匹配：（1）对于违规"并购组"样本和未受违规处罚样本进行匹配（表5–17中分表A）；（2）对于违规"未并购组"样本和未受违规处罚样本进行匹配（表5–17中分表B）；（3）对于违规"并购组"样本和违规"未并购组"样本进行匹配（表5–17中分表C）。匹配后的结果显示，在分表A中"并购组"企业违规与四个被解释变量方面，除了债务资本成本外，其余系数均不显著；而在分表B中"未并购组"违规与四个被解释变量的系数均较为显著；在违规组之间的比较也得出了类似的结果。从整体来看，相对于违规未并购企业，违规企业发起并购活动能够从融资成本和产品市场方面对于利益相关者关系起到正面影响，说明了违规企业的并购活动能够取得一定的声誉修复效果，本章的结论是稳健的。

表5–17　　　　　稳健性检验——内生性问题

变量	违规"并购组"样本和未受违规处罚样本匹配——分表A			
	并购组			
	权益融资成本	债务融资成本	供应商商业信用	客户销售收入
	(1)	(2)	(3)	(4)
违规处罚	0.002	0.147 **	0.002	0.007
	(0.688)	(2.410)	(0.968)	(1.132)
公司规模	0.004 **	− 0.038	0.002	0.017 ***
	(2.322)	(− 0.945)	(1.639)	(4.141)
盈利能力	− 0.057 ***	− 3.168 ***	0.034 *	0.126 **
	(− 3.116)	(− 7.401)	(1.903)	(2.227)

违规"并购组"样本和未受违规处罚样本匹配——分表A			
	并购组		
变量	权益融资成本	债务融资成本	供应商商业信用	客户销售收入
	（1）	（2）	（3）	（4）
资产负债率	0.000 ** （2.366）	0.023 *** （9.255）	− 0.000 *** （− 2.709）	− 0.001 * （− 1.785）
Z值	0.000 （0.501）	− 0.019 *** （− 5.355）	− 0.000 *** （− 3.206）	− 0.002 *** （− 3.792）
托宾Q	− 0.001 ** （− 2.385）	− 0.053 *** （− 4.830）	0.001 ** （2.156）	0.013 *** （6.035）
机构投资者持股	− 0.018 ** （− 2.561）	− 0.128 （− 0.758）	− 0.002 （− 0.384）	0.029 * （1.780）
董事会规模	0.009 （0.902）	− 0.061 （− 0.247）	− 0.003 （− 0.349）	− 0.024 （− 0.962）
独董比例	0.018 （0.643）	0.191 （0.266）	− 0.001 （− 0.056）	− 0.082 （− 1.096）
两职合一	− 0.005 （− 1.623）	− 0.062 （− 0.811）	0.002 （0.865）	0.015 ** （2.046）
国有企业	0.003 （0.884）	− 0.401 *** （− 4.567）	0.004 （1.242）	− 0.008 （− 0.897）
截距	− 0.003 （− 0.082）	4.329 *** （3.671）	− 0.051 * （− 1.671）	− 0.255 ** （− 2.470）
行业/年份	控制	控制	控制	控制
观测值	1188	2434	2434	2434
校正决定系数	0.134	0.287	0.035	0.103

违规"并购组"样本和未受违规处罚样本匹配——分表B			
	未并购组		
变量	权益融资成本	债务融资成本	供应商商业信用	客户销售收入
	（1）	（2）	（3）	（4）
违规处罚	0.564 * （1.861）	0.426 * （1.649）	− 0.005 ** （− 1.967）	− 0.018 ** （− 2.561）
公司规模	0.340 ** （2.037）	0.235 ** （2.279）	0.002 （1.403）	0.014 *** （3.618）

	违规"并购组"样本和未受违规处罚样本匹配——分表B			
	未并购组			
变量	权益融资成本	债务融资成本	供应商商业信用	客户销售收入
	(1)	(2)	(3)	(4)
盈利能力	-6.612*** (-3.500)	-11.249*** (-3.013)	0.054*** (2.940)	0.086* (1.705)
资产负债率	0.026*** (5.074)	0.002 (0.724)	-0.000*** (-2.866)	-0.000 (-0.671)
Z值	0.008 (0.499)	-0.047*** (-6.091)	-0.000 (-0.700)	-0.001*** (-3.633)
托宾Q	-0.137*** (-2.949)	-0.013 (-0.558)	0.001** (1.991)	0.012*** (6.684)
机构投资者持股	-1.106 (-1.482)	-1.060* (-1.794)	0.002 (0.428)	0.018 (1.074)
董事会规模	0.491 (0.467)	-0.065 (-0.201)	-0.007 (-0.879)	-0.032 (-1.347)
独董比例	2.281 (0.781)	-3.209 (-1.318)	-0.053* (-1.912)	-0.065 (-0.840)
两职合一	-0.706** (-2.168)	0.771 (1.062)	0.000 (0.033)	-0.001 (-0.153)
国有企业	-0.616* (-1.741)	0.131 (0.288)	0.003 (1.053)	-0.018** (-2.130)
截距	4.859 (1.103)	0.386 (0.190)	0.004 (0.133)	-0.209** (-2.203)
行业/年份	控制	控制	控制	控制
观测值	1192	2822	2822	2822
校正决定系数	0.121	0.027	0.053	0.089

	违规"并购组"样本和未受违规处罚样本匹配——分表C			
	违规组			
变量	权益融资成本	债务融资成本	供应商商业信用	客户销售收入
	(1)	(2)	(3)	(4)
违规公司并购	-0.570* (-1.806)	0.063 (0.893)	0.006** (2.543)	0.027*** (3.465)

第五章 违规处罚、企业并购与声誉修复

	违规"并购组"样本和未受违规处罚样本匹配——分表C			
变量	违规组			
	权益融资成本	债务融资成本	供应商商业信用	客户销售收入
	（1）	（2）	（3）	（4）
公司规模	0.023	0.016	0.002	0.018 ***
	（0.106）	（0.373）	（1.533）	（3.772）
盈利能力	−2.119	−3.960 ***	0.038 *	0.068
	（−1.096）	（−8.002）	（1.856）	（1.129）
资产负债率	0.011	0.025 ***	−0.000 ***	−0.001 ***
	（1.218）	（10.530）	（−3.520）	（−2.683）
Z 值	−0.004	−0.014 ***	−0.000 **	−0.002 ***
	（−0.249）	（−3.211）	（−2.253）	（−3.688）
托宾 Q	−0.129 **	−0.052 ***	0.001 **	0.013 ***
	（−2.178）	（−3.256）	（2.297）	（5.648）
机构投资者持股	−0.816	−0.195	−0.003	0.012
	（−0.921）	（−1.076）	（−0.440）	（0.577）
董事会规模	1.200	−0.192	−0.009	−0.045
	（1.020）	（−0.756）	（−1.015）	（−1.631）
独董比例	2.728	0.004	−0.039	−0.090
	（0.809）	（0.006）	（−1.375）	（−1.109）
两职合一	0.003	−0.030	−0.000	0.012
	（0.008）	（−0.389）	（−0.174）	（1.438）
国有企业	−0.151	−0.457 ***	0.007 **	−0.003
	（−0.383）	（−5.582）	（2.033）	（−0.297）
截距	9.262 *	2.792 **	−0.020	−0.256 **
	（1.702）	（2.526）	（−0.576）	（−2.291）
行业/年份	控制	控制	控制	控制
观测值	834	2050	2050	2050
校正决定系数	0.100	0.284	0.039	0.095

注：括号内为 t 值，* 为 p<0.1，** 为 p<0.05，*** 为 p<0.01。

违规处罚

对企业并购的影响研究

三、样本选择问题

本书把违规企业定义为上一年有违规情况的企业，而未违规企业则为上一年未发生违规情况的企业。在这样的定义下，某些被归于未违规的企业可能在前两三年，或者当年就有违规，并不是真正意义上的未违规企业，也因此影响到检验结果。因此，本节对于未违规企业重新界定调整，仅包括在样本期间（2008～2017 年）从未发生违规行为的企业，再分析违规企业并购对资本市场和产品市场的影响。如表 5－18 所示，除了在债务融资成本方面并购组和未并购组的系数都显著为正（意味着违规企业发起并购未能改善与债权人关系）之外，在其他三个变量方面，违规并购组与未违规企业没有显著差异，而违规未并购组与未违规企业相比，权益融资成本更高，商业信用更低，销售收入更低，说明本章的结论是稳健的。

表 5－18　　　　　　　　　稳健性检验——样本选择问题 1

变量	权益融资成本		债务融资成本		供应商商业信用		客户销售收入	
	并购组	未并购组	并购组	未并购组	并购组	未并购组	并购组	未并购组
	(1)	(2)	(3)	(4)	(5)	(6)	(7)	(8)
违规处罚	0. 355	0. 691 ***	0. 221 ***	0. 122 **	0. 002	− 0. 005 ***	0. 008	− 0. 020 ***
	(1. 620)	(2. 708)	(4. 858)	(2. 534)	(0. 930)	(− 3. 174)	(1. 465)	(− 3. 816)
公司规模	0. 284 ***	0. 225 **	− 0. 036 **	− 0. 027	0. 002 ***	0. 002 ***	0. 011 ***	0. 011 ***
	(3. 223)	(2. 444)	(− 2. 160)	(− 1. 616)	(3. 114)	(3. 348)	(5. 685)	(6. 084)
盈利能力	− 4. 554 ***	− 5. 369 ***	− 2. 434 ***	− 2. 589 ***	0. 017 **	0. 018 **	0. 082 ***	0. 088 ***
	(− 5. 113)	(− 5. 617)	(− 10. 904)	(− 10. 955)	(2. 053)	(2. 262)	(3. 005)	(3. 314)
资产负债率	0. 031 ***	0. 039 ***	0. 020 ***	0. 021 ***	− 0. 000	− 0. 000	0. 000 **	0. 000 *
	(5. 133)	(6. 166)	(17. 827)	(19. 086)	(− 0. 524)	(− 1. 405)	(2. 128)	(1. 845)
Z 值	0. 009	0. 020 **	− 0. 017 ***	− 0. 016 ***	− 0. 000	− 0. 000 *	− 0. 000	− 0. 000 *
	(0. 924)	(1. 976)	(− 10. 001)	(− 9. 444)	(− 1. 510)	(− 1. 848)	(− 1. 604)	(− 1. 702)
托宾 Q	− 0. 091 ***	− 0. 107 ***	− 0. 033 ***	− 0. 031 ***	0. 001 ***	0. 001 ***	0. 008 ***	0. 008 ***
	(− 4. 707)	(− 5. 199)	(− 5. 567)	(− 5. 070)	(3. 432)	(3. 814)	(8. 784)	(9. 182)
机构投资者持股	− 1. 081 ***	− 1. 189 ***	− 0. 138 *	− 0. 168 **	0. 003	0. 001	0. 032 ***	0. 029 ***
	(− 3. 100)	(− 3. 214)	(− 1. 869)	(− 2. 226)	(1. 250)	(0. 341)	(4. 233)	(3. 770)
董事会规模	− 0. 169	0. 120	0. 271 ***	0. 310 ***	− 0. 001	0. 000	0. 013	0. 010
	(− 0. 341)	(0. 232)	(2. 819)	(3. 192)	(− 0. 260)	(0. 055)	(1. 299)	(1. 035)

| 变量 | 权益融资成本 | | 债务融资成本 | | 供应商商业信用 | | 客户销售收入 | |
| | 并购组 | 未并购组 | 并购组 | 未并购组 | 并购组 | 未并购组 | 并购组 | 未并购组 |
	(1)	(2)	(3)	(4)	(5)	(6)	(7)	(8)
独董比例	0.894 (0.587)	1.192 (0.746)	0.454 (1.551)	0.175 (0.593)	-0.017 (-1.628)	-0.021 * (-1.937)	0.005 (0.168)	0.015 (0.452)
两职合一	0.009 (0.052)	-0.058 (-0.310)	-0.036 (-0.993)	-0.059 (-1.573)	0.002 (1.623)	0.002 (1.616)	0.005 (1.333)	0.004 (1.172)
国有企业	-0.117 (-0.547)	-0.185 (-0.848)	-0.484 *** (-12.976)	-0.509 *** (-13.714)	0.004 *** (2.922)	0.005 *** (3.705)	-0.012 *** (-2.991)	-0.013 *** (-3.133)
截距	4.591 ** (2.141)	5.430 ** (2.418)	2.994 *** (7.088)	2.574 *** (6.064)	-0.034 ** (-2.496)	-0.032 ** (-2.298)	-0.242 *** (-5.518)	-0.253 *** (-5.778)
行业/年份	控制	控制	控制	控制	控制	控制	控制	控制
观测值	4782	4769	9647	9846	9647	9846	9647	9846
校正决定系数	0.154	0.158	0.254	0.249	0.022	0.023	0.097	0.096

注: 括号内为 t 值, * 为 p<0.1, ** 为 p<0.05, *** 为 p<0.01。

企业并购是一个复杂而充满不确定性的投资活动, 发起并购并不意味着交易能够顺利完成。如果一项并购交易仅公开宣告而未能完成, 可能对于违规企业的声誉修复难以产生应有的效果。在主假设的检验中, 本章使用所有公开发起并购的样本, 而在稳健性检验中尝试剔除并购样本中那些失败和终止的交易, 对违规的并购组和未并购组进行重新划分。如表 5-19 所示, 在列 (3) 和列 (4) 债务融资成本的检验中, 两组系数都显著为正之外, 在并购组, 违规与权益融资成本、供应商商业信用均为不显著, 在顾客销售收入的系数显著为正, 而在未并购组, 违规企业的权益融资成本更高, 商业信用更低, 销售收入更低。结果说明违规企业发起的并购能够对维护利息相关者关系起到积极作用, 在一定程度上修复了企业声誉, 本章的结论是稳健的。

表 5-19　　　　　　稳健性检验——样本选择问题 2

| 变量 | 权益融资成本 | | 债务融资成本 | | 供应商商业信用 | | 客户销售收入 | |
| | 并购组 | 未并购组 | 并购组 | 未并购组 | 并购组 | 未并购组 | 并购组 | 未并购组 |
	(1)	(2)	(3)	(4)	(5)	(6)	(7)	(8)
违规处罚	0.125 (0.609)	0.446 ** (2.021)	0.164 *** (2.913)	0.107 * (1.690)	0.002 (1.426)	-0.006 *** (-3.783)	0.013 *** (2.682)	-0.022 *** (-4.688)

变量	权益融资成本		债务融资成本		供应商商业信用		客户销售收入	
	并购组	未并购组	并购组	未并购组	并购组	未并购组	并购组	未并购组
	(1)	(2)	(3)	(4)	(5)	(6)	(7)	(8)
公司规模	0.284 ***	0.267 ***	−0.044 *	−0.037	0.002 ***	0.002 ***	0.013 ***	0.014 ***
	(4.253)	(4.023)	(−1.812)	(−1.524)	(5.070)	(5.444)	(8.723)	(9.287)
盈利能力	−5.183 ***	−5.165 ***	−2.617 ***	−2.813 ***	0.008	0.010 *	0.080 ***	0.081 ***
	(−8.424)	(−8.249)	(−10.780)	(−11.390)	(1.496)	(1.705)	(4.356)	(4.415)
资产负债率	0.034 ***	0.035 ***	0.023 ***	0.023 ***	−0.000 **	−0.000 ***	0.000 **	0.000
	(8.743)	(9.038)	(15.782)	(15.578)	(−2.407)	(−3.606)	(2.064)	(1.376)
Z 值	0.006	0.009	−0.019 ***	−0.019 ***	−0.000 ***	−0.000 ***	−0.000 **	−0.000 **
	(0.961)	(1.434)	(−7.853)	(−7.938)	(−3.637)	(−4.493)	(−2.023)	(−2.331)
托宾 Q	−0.092 ***	−0.097 ***	−0.033 ***	−0.033 ***	0.001 ***	0.001 ***	0.008 ***	0.008 ***
	(−6.550)	(−6.762)	(−4.824)	(−4.883)	(4.834)	(5.054)	(14.409)	(13.955)
机构投资者持股	−0.919 ***	−0.892 ***	−0.093	−0.109	0.002	0.000	0.037 ***	0.036 ***
	(−3.440)	(−3.301)	(−0.845)	(−0.979)	(0.927)	(0.268)	(5.677)	(5.548)
董事会规模	0.071	0.187	0.072	0.060	0.002	0.002	−0.004	−0.005
	(0.201)	(0.536)	(0.550)	(0.448)	(0.619)	(0.904)	(−0.438)	(−0.539)
独董比例	2.190 **	2.416 **	0.030	−0.105	−0.003	−0.005	−0.001	−0.002
	(2.078)	(2.290)	(0.077)	(−0.269)	(−0.352)	(−0.669)	(−0.041)	(−0.088)
两职合一	−0.083	−0.110	−0.062	−0.059	0.001	0.001	−0.000	−0.000
	(−0.673)	(−0.883)	(−1.262)	(−1.174)	(1.148)	(1.452)	(−0.069)	(−0.114)
国有企业	−0.203	−0.228	−0.436 ***	−0.451 ***	0.001	0.002 **	−0.013 ***	−0.013 ***
	(−1.419)	(−1.580)	(−7.774)	(−7.942)	(1.493)	(2.261)	(−3.481)	(−3.553)
截距	3.953 **	3.882 **	3.641 ***	3.558 ***	−0.045 ***	−0.045 ***	−0.245 ***	−0.253 ***
	(2.466)	(2.428)	(6.310)	(6.008)	(−4.572)	(−4.725)	(−6.901)	(−7.196)
行业/年份	控制	控制	控制	控制	控制	控制	控制	控制
观测值	10200	10239	21433	21848	21433	21848	21433	21848
校正决定系数	0.147	0.144	0.194	0.193	0.017	0.018	0.094	0.093

注: 括号内为 t 值, * 为 $p < 0.1$, ** 为 $p < 0.05$, *** 为 $p < 0.01$。

第七节 本章小结

　　监管披露的违规行为对企业造成严重的负面效应，而其中最为关键的是企业的声誉损失。声誉损失导致企业在资本市场和产品市场的风险上升和竞争力下降，影响到企业后续生产经营。企业有强烈的动机采取补救方式对于受损的声誉进行修复。已有文献探讨了解雇管理层、提升内部控制质量、增加慈善捐赠等声誉修复方式，那么，违规企业修复声誉是否有其他方式？能否取得一定的效果？本章针对上述问题展开研究。

首先，从理论上分析违规处罚造成的企业声誉损失在资本市场和产品市场产生的负面效应；其次，研究违规企业通过发起并购的方式修复声誉的作用路径，从而将企业并购纳入"企业违规—声誉损失—企业并购—声誉修复"分析框架中。本章以利益相关者理论和契约理论为基础，把声誉修复的重点放在重视并回应关键利益相关者群体的要求，随后引入公司并购并论证其对以资本市场和产品市场为主的关键利益相关者的影响机理。

本章采用 2008~2017 年我国 A 股上市公司为样本进行实证检验，研究发现违规企业发起并购活动能够缓和利益相关者关系，起到一定的声誉修复作用。具体来看：第一，相对于违规后未发起并购的企业，违规后发起并购的企业权益融资成本更低；第二，违规后发起并购的企业和未发起并购的企业债务融资成本均更高；以上结果说明违规企业发起并购能够促进企业与股东的关系，在资本市场上起到一定的声誉修复作用；第三，相对于违规后未发起并购的企业，违规后发起并购的企业供应商的商业信用更高；第四，相对于违规后未发起并购的企业，违规后发起并购的企业销售收入更高，说明违规企业发起并购能够促进企业与供应商和客户的关系，在产品市场上起到声誉修复的作用。进一步分析发现，在资本市场上，违规后发起并购的企业融资规模与未违规企业没有显著差异或更高，而违规后未发起并购的企业融资规模显著下降，说明违规企业发起的并购在提升企业融资规模方面起到积极作用；在产品市场上，相比于规模较大的供应商和客户，规模较小的产品市场合作者可能更倾向于减少或终止同违规公司的交易往来，声誉损失及后续并购带来的声誉修复在规模较小的供应商和客户方面都表现更为明显。从结果来看，违规企业发起的并购活动能够取得一定的声誉修复效果。稳健性检验也表明，在经过替换变量、控制内生性问题、调整样本检验后，本章的结论仍然是稳健的。

相较于现有文献，本章主要的贡献在于：首先，从利益相关者和契约理论出发，对违规处罚影响企业并购的理论分析进行了机制检验，有助于加深违规处罚与企业并购关系方面的理解和认识；其次，从关键利益相关者视角验证了企业并购的声誉修复动机，对于并购动机的文献进行了有益的补充；再次，从声誉修复的效果来看，相比于已有文献更多以案例研究的方式，本章从资本市场和产品市场两个不同维度，通过大样本检验了声誉修复的效果，拓展了以往文献对于声誉修复的研究；最后，本章从供应商和客户特征的角度研究了企业违规的经济后果，发现声誉损失和声誉修复都更多体现在规模较小的供应商和客户方面，有助于深入认识违规处罚后企业声誉修复决策的针对性。

第五章　违规处罚、企业并购与声誉修复

第六章

CHAPTER 6

违规处罚与企业并购绩效

本章从揭示现象、理论分析和机制检验拓展到对于企业绩效的检验，深入分析违规企业实施并购对于其绩效的影响。在并购特征方面，研究了不同类型的并购对违规企业绩效方面的影响差异。

第一节 问题提出

并购是上市公司最为重要的决策之一，决定着公司的资产配置、商业运营和发展前景（Madura and Ngo，2010）。在过去十年间，政府不断优化企业并购的市场环境，通过消除制度障碍以及制定优惠政策等重要措施，大力推进上市公司并购重组。我国上市公司的并购交易数量和交易规模均呈现逐年增长趋势，并购市场愈加活跃。

企业为什么会进行并购活动，或者说，并购活动背后企业的动机是什么，这一直是学术界关心的话题。经典的并购动机理论认为，并购活动的动因主要可以分为资本市场驱动、管理层自带驱动及追求协同效应等（Doukas and Petmezas，2006；Shleifer and Vishny，2003；Muehlfeld et al.，2007）。随着经济社会发展和并购活动的增多，企业的并购动机也更为复

违规处罚对企业并购的影响研究

杂，学者们对于并购动机也有了更多的认识，已有文献提出了并购的缓解融资约束（葛结根，2017；Hubbard and Palia，1999）、增加社会认可和地位（Shi et al.，2017）、获取政治关联和政府补助（步丹璐和狄灵瑜，2017；汪炜和陆帅，2015）等动机，而本书从违规企业更倾向于发起并购的现象出发，提出了违规企业实施并购活动的声誉修复动机。

虽然各类企业发起并购基于不同的动机，但是从本质上来说，企业并购属于企业的投资行为，而任何一项投资行为都需要企业资源的大量投入。以并购过程来看，从并购前期的目标企业选择，到并购中期的交易结构协商，再到并购后期漫长的企业整合，并购对于主并方企业来说是组织资源获取能力的极大考验。如果实施的并购无法取得良好的企业绩效，也就意味着企业资源，甚至社会资源的浪费。因此，学术界和实务界往往是以能够量化的企业绩效水平来衡量并购交易是否有效。

本章考察违规企业实施的并购活动对于企业绩效的影响。需要说明的是，本章是在一个特定的情境下展开的研究：即企业因为违规行为受到监管处罚之后，企业的声誉受到极大损失，与利益相关者之间已构建的良好关系被破坏，企业价值下降。在此情境下，本章探讨违规企业能否通过实施并购活动提升其企业绩效，以达到较好的声誉修复效果。可以看到，本章并不是单纯的关于企业并购对企业绩效的影响，也不是违规处罚对企业绩效的影响，而是在企业受到违规处罚后，面临声誉损失的情境下，深入分析并购活动的声誉修复动机在提升企业绩效方面是否具有效果。从这个角度来看，违规企业之间进行比较，可能相比于实施并购的企业之间比较，更能契合本书的研究问题。

第二节　理论分析与研究假设

并购是提升上市公司质量和竞争力的有效措施，也是促进我国产业组织结构优化、推进行业整合的重要途径。近年来，我国企业并购政策逐渐放开并不断完善。2010年9月，国务院发布了《关于促进企业兼并重组的意见》，不仅明确了企业兼并重组的重要意义，更重要的是，就促进企业兼并重组的市场化运作、清理消除制度障碍以及制定优惠政策等方面提出指导性意见。2014年3月，国务院发布《关于进一步优化企业兼并重组市场环境的意见》，从加快推进审批制度改革、改善金融服务、落实和完善财税政策和其他政策、加强产业政策引导等方面营造良好的并购重组市场环境。同年，证监会修订了《上市公司收购管理办法》，颁布了《上市公司重大资产重组管理办法》。2015年8月，证监会、财政部、国资委、银监会四部委联合发布《关于鼓励上市公司兼并重组、现金分红及回购股份的通知》，通知的发布意味着在并购监管中将进一步深化改革、简政放权，以及表明了政府对于上市公司并购重组的积极态度。

政府对于企业并购的积极态度还体现在对于并购的金融支持方面，包括引导商业银行积极稳妥地开展并购贷款业务，扩大并购的贷款规模，以及鼓励符合条件的企业通过发行股票、企业债券等方式融资参与并购。2008年12月，中国银行业监督管理委员会出台《商业银行并购贷款风险管理指引》，允许符合条件的商业银行开办并购贷款业务。2015年2月，银监会对《商业银行并购贷款风险管理指引》进行修订，进一步加大并购贷款的支持力度。

上市公司并购在政策的支持下不断发展。从国泰君安数据库的数据分析，在政策出台之前，2009年共发生1198起上市公司并购事件，涉及并购金额4749.35亿元，而到了2016年，上市公司发生并购交易共计2009起，涉及并购金额达到了15419.02亿元。并购交易数量和交易规模都呈现快速上升趋势，其中，并购交易数量增长比例为67.7%，并购交易规模增长比例达到224.66%。

一、企业并购动机与并购绩效

随着并购交易的不断增多，学术界对于两个重要问题展开更为深入的思考：第一，如此数量众多的并购交易是否都是以提升公司质量和竞争力为目的？对于这个问题的回答往往是否定的，在经典的并购理论中就提出了如代理理论和管理者过度自信理论等不同动机（李善民和陈玉罡，2002；Shleifer and Vishny，2003；Roll，1986）。第二，这些并购交易能否取得良好的绩效？这个问题的回答并没有得到一致的结论。某些学者认为，主并方公司在并购交易中获得了正向回报（Jensen and Ruback，1983），但是也有学者认为，主并方股东在并购活动中遭受了显著的财富损失，并购不能为企业创造价值（李善民和朱滔，2005；Agrawal and Jaffe，2001）。

在对这两个重要问题分别进行研究的同时，也有文献提出，关于这两个问题的回答可以从独特的视角入手。由于并购动机和绩效两个问题本身并不是完全割裂的，因而对于资本市场上并购交易的分析，可以把并购动机与绩效的研究进行有机结合，探讨在资本市场上，企业并购动机的复杂性和多样性对于绩效会产生何种影响。

关于并购动机与企业并购绩效之间的关系，章新蓉和唐敏（2010）认为上市公司的并购绩效与其并购动机显著相关，以政策导向为主的国有控股上市公司和以市场导向为主的非国有控股上市公司在并购绩效方面存在显著差异。穆尔菲尔德等（2007）把并购活动的动因分为经济原因和管理层偏好。经济原因主要包括提升效率（规模经济）和增强市场力量（减少竞争），管理层偏好主要包括管理层自大和管理层私利。这两种动机中，基于经济原因发起的并购业绩会更好。拉比耶（Rabier，2017）的研究提出，相比于财务协同效应为目的的并购，由运营协同效应为目的的并购有可能获得更高的收益。刘白璐和吕长江（2018）以家族企业为对象，发现家族企业为了实现长期经营的目标和维护家族声誉，并购动机具有长期价值导向，并购意愿更强且并购绩效更好。从已有文献来看，企业发起并购动机的不同对于绩效会产生显著影响，而其中，由于管理层偏好因素和政治因素发起的并购普遍难以实现企业价值的提升，而由于一系列经济原因发起的并购交易可能获得更好的受益。但也有学者提出，由于企业并购具有不同的动机，因此应该根据特定的并购动机是否实现来评价并购是否成功（周绍妮和文海涛，2013）。

二、企业声誉与并购绩效

声誉是使公司具有竞争优势的，极为重要的无形资产（Barney，1991；Amit and Schoemaker，1993），在帮助企业吸引合作伙伴（Dollinger et al.，1997）和建立成功的关系（Saxton，1997）方面具有积极作用。因此，大部分研究普遍认同，高声誉的并购参与者能够对企业绩效产生正面影响。这些并购参与者不仅是指发生并购交易的主并方和目标方企业，还包括各类中介机构。如声誉较好的财务顾问可以运用其专业能力提升并购绩效（宋贺和段军山，2019；钟子英和邓可斌，2019），高声誉的会计师事务所参与的并购交易中，业绩补偿承诺实现的程度会更高，并购绩效也更好（李彬和潘爱玲，2016；刘向强和李沁洋，2019），资产评估行业内部的声誉约束机制有利于抑制资产高估值从而减轻利益输送程度（翟进步，2018），提升并购质量，以及高声誉的风险投资支持的企业并购，其绩效会显著优于低声誉的风险投资支持的企业并购绩效（李曜和宋贺，2017）。

当然，并购企业双方的声誉在交易中具有更为直接的价值。从主并方企业声誉对于企业绩效影响的角度来看，邓等（2013）认为在社会责任方面表现较好而获得高声誉的主并方企业不仅并购完成时间短，并购成功率高，而且在并购后长期业绩增长更多，长期股票回报也会更高。沙朗颂等（2017）以法国企业的样本研究发现，声誉是影响并购价值创造的关键因素，无论是国内并购还是海外并购，收购方的声誉对所有的并购交易都有积极的作用。从反面来看，陈泽艺等（2017）基于上市公司重大资产重组的案例发现，媒体的负面报道给公司造成声誉受损，会提高并购重组失败的概率。如果并购未能完成，提升企业绩效的目标自然也就难以实现。也有学者从目标方视角探讨声誉对并购的影响，萨克斯顿和多林格（Saxton and Dollinger，2004）的研究指出，目标企业声誉始终与理想的并购结果相关。具体来看，产品质量和财务声誉对并购结果有积极影响；产品质量是实现以市场为基础的目标的有力因素；而管理方面声誉有助于并购中的学习，这些都将为企业并购带来更好的结果。布恩和乌伊萨尔（Boone and

违规处罚

对企业并购的影响研究

Uysal，2018）从环境声誉的角度，认为环境声誉较差的公司可能会存在一定的溢出效应，因此成为企业并购的目标方的可能性较小，声誉较好的主并方公司不会去收购那些声誉较差的公司。

企业声誉与并购的关系不仅体现在声誉影响并购及并购绩效，越来越多的学者发现，企业并购是影响声誉的方式之一。金等（2011）的研究提出，由于并购具有促进企业成长、提高企业价值和质量的重要作用，因此进行更多并购可能与满足投资者的高期望有关。石等（2017）从竞争锦标赛的角度，发现并购为竞争对手 CEO 提供了一个有效的渠道，在短期内提升他们的社会认可度和地位。海勒波连等（2017）也发现，企业会通过并购活动来满足利益相关者对企业发展的高期望，但是这样的并购给企业带来的绩效是不确定的。王雅茹和刘淑莲（2020）认为，企业有动机通过实施并购来满足利益相关者对企业未来发展的期望，以维护企业声誉。在这样的动机下的并购付出高溢价的比例也会更高，虽然能够在短期内带来较好的并购绩效，但长期来看对企业业绩可能具有潜在的负面影响。

三、研究假设

本章认为，违规企业以声誉修复为目的实施的并购对于企业绩效的影响在于以下几个方面：第一，与利益相关者保持良好关系的企业不仅能够获得高声誉，也会给企业绩效带来正面影响（Zavyalova et al.，2016）。当公司受到违规处罚之后，利益相关者对公司的意图和履行承诺能力的不确定性增加，以及对公司的期望降低，此时与声誉相关的损失就会发生（Chakravarthy et al.，2014）。一方面，违规企业发起并购能够通过增加信息披露缓解与资本提供者之间的信息不对称，增强企业在资本市场上的融资能力；另一方面，并购能够以扩大企业规模和增强市场竞争力的方式，在要素市场上得到供应商、顾客等的认可。满足利益相关者的需求使企业享有良好声誉，有利于提高公司的销售能力，降低交易成本，帮助企业从危机中恢复。违规企业发起的并购能够重新赢得利益相关者的支持，修复企业声誉，在企业绩效的提升方面会产生积极效果。

第二，资源基础理论认为，企业是各种资源的集合体，这些资源包括有形资源（如厂房设备、资金等）和无形资源（如市场、关系网络等）。资源对于企业来说是有价值的和稀缺的，更为重要的是，资源在各个企业之间难以复制且不能随意流动，因此能够为企业提供持续的竞争优势（Amit and Schoemaker，1993；Barney，1991）。违规处罚对于企业后续资源获取能力产生负面冲击，在这样的背景下，违规企业实施的并购活动，可以被看作获取资源的一种特殊方式。凯瑞姆和米切尔（Karim and Mitchell，2000）从企业资源集合的角度发现，相比于未并购企业，并购企业的资源集合发生了更大的变化。珀里南和史里干（Puranam and Srikanth，2007）也认为，收购公司会利用目标公司的创新导向资源。这样的利用方式可能是把资源整合到收购公司中，也可能是把目标公司作为独立的单位利用其创新能力。违规企业通过与目标企业的有机结合，不仅能够吸纳目标企业的厂房、设备等有形资源，也能够利用目标企业的市场和关系网络等拓展自身的无形资源。事实上，并购交易成了一个载体，实现了资源在企业之间的流动，违规企业在自身资源可能受到限制的情况下，通过拓展目标企业的资源实现成长，有利于企业绩效的提升。

第三，从企业并购动机的角度来看，相比于以管理层偏好因素和政治因素原因实施的并购，那些以增加企业经济价值为导向的并购往往能获得更好的企业绩效（陈仕华等，2015；Muehlfeld et al.，2007）。违规企业的并购活动，是在企业面临极大的声誉损失，可能影响到企业后续生产经营的情境下的声誉修复行为，其在目标企业选择，以及并购交易谈判和实施的过程中都会更加注重考虑并购的经济因素，希望通过一个让市场满意的并购活动来挽回利益相关者的信任关系。在这样的背景下，某些严重影响并购后企业绩效的问题，如管理层代理问题、大股东掏空问题或政府控制等问题可能得到一定程度的抑制，对于违规企业绩效的提升产生一定的积极作用。

因此，本章提出以下研究假设。

假设6-1：与违规后未实施并购的企业相比，违规后实施并购的企业绩效更好。

违规处罚——对企业并购的影响研究

144

对于违规企业而言，并购是一种通过企业发展的方式来挽回利益相关者信任和修复声誉的有效手段。然而，不同的并购类型对于企业绩效的影响可能存在差异。按照主并企业和目标企业所在的行业关系可以把并购划分为横向并购、纵向并购和混合并购三类，其中横向并购是指处于相同行业和市场层次上或具有竞争关系的公司之间的并购活动。大量文献关注到横向并购对于企业绩效的影响，一部分文献认为，横向并购会减少行业内竞争公司的数量，对于市场竞争具有潜在的负面抑制作用，进而在产品市场施加价格压力，并购后企业绩效不仅无法得到改善，甚至降低企业价值（Berger et al.，1998；Bhattacharyya and Nain，2011）。另一部分文献提出了相反的观点，认为横向并购在改进管理层的经营业绩方面具有积极作用，能够通过产生协同效应，增进社会效益（李青原等，2011）。索尔特和维侯德（Salter and Weinhlod，1978）的研究证明横向并购通过关键技术的转移和市场地位的加强，更有潜力创造股东财富。辛格和蒙哥马利（Singh and Montgomery，1987）通过实证检验发现，相关性并购的产生的绩效显著超过非相关性并购。金等（2008）表明，在并购交易中收购方的超额累积收益与收购方和目标方的资源互补程度有关。徐虹等（2015）认为，在产品市场竞争程度越高的环境下，横向并购越有利于提升企业价值。程小伟和吴家舵（2007）认为，我国并购类型对绩效的影响并不一致，但在横向并购中，规模经济效应在并购当年较为明显。

对于违规企业而言，以声誉修复为动机发起的横向并购对于企业绩效具有以下作用：第一，从信息沟通的角度，并购双方处于同一行业时更易沟通，也需要较少的外部专家和中介机构来评估目标方企业价值，并购后的整合过程也会更为顺畅。并购交易中信息不对称程度的降低对于违规企业来说是非常重要的，违规企业能够对于目标方的重要信息，包括目标公司的市场前景、市场地位以及财务状况等更为深入的了解，降低并购谈判过程中以及并购后期的各种风险和不确定性因素，增加并购后价值创造的可能性，通过信息质量较高的并购交易挽回利益相关者的信任，更好地达到声誉修复的目的。第二，从资源的角度，卡普纶等（Capron et al.，1998）的研究发现，横向收购常常导致收购企业和目标企业之间的资源重新组合，被看作是促进资产重新配置和能力转移的一种手段。违规企业实施横向并购能够达到节约资源和更高效地利用资源两方面的效果：一方面，横向并购交易的双方处于同一行业，可以节约并购交易中期及后期整合过程中投入的经济资源，避免企业在违规所造成的资源约束情境下更多的资源耗费；另一方面，交易双方资源匹配程度较高，违规企业可以快速而有效地通过双方企业资金和关系网络等重要资源的共享，以缓解因违规处罚造成的资源约束，实现资源的优化配置。第三，从市场势力的角度来看，横向并购能够实现企业的快速扩张，是获取规模经济效应，以及巩固和提升行业和市场竞争优势的一种有效途径，方便企业在短期内实现包括管理协同、财务协同以及经营协同等方面的协同效应（徐虹等，2015；张弛和余鹏翼，2017）。横向并购帮助企业获取市场势力得到广泛认可，然而，某些学者提出横向并购可能因为市场势力过强而造成某种程度的垄断，影响到供应商和客户利益，对于并购绩效反而产生负面效应（Berger et al.，1998；Bhattacharyya and Nain，2011）。在本章的特定背景下，违规企业实施的横向并购是在企业声誉受到损失的情境下，以挽回利益相关者信任为目的的行为。这样的交易并不会倾向于以市场势力的增强对于市场上下游企业产生不利影响，可能会更倾向于通过并购实现的效率提升，以持续增长的销量给上游供应商带来更加稳定的销售渠道，以更优惠的产品销售价格给下游客户带来优质产品，更好地实现并购的声誉修复效果。

因此，本章提出以下研究假设。

假设6-2：与违规后未实施并购的企业相比，违规后实施横向并购的企业绩效更好。

第三节　研究设计

一、样本选择与数据来源

本章探讨受到违规处罚的企业发起并购活动对于绩效的影响，使用的数据选取 2008~2017 年中国沪深两市的违规上市公司作为初始样本，并按如下标准进行筛选：（1）与之前章节保持一致，本章所认定的"违规公司"为企业上一年有披露违规处罚信息；（2）在并购事件选择中，仅保留上市公司为买方的并购事件；（3）由于模型中部分变量的计算需用到前一年的年报财务数据，剔除当年刚上市公司的样本；（4）剔除金融机构，特别处理公司样本；（5）违规数据中剔除包含问询函和关注函的事件[①]；（6）剔除数据不全的样本。最终样本涉及 10 年间 1560 家上市公司的 2572 条观测数据。本书使用的违规处罚数据来源于锐思金融数据库"重大事项违规处罚"统计表，并购数据来源于万得数据库。公司财务数据来自万得数据库和国泰安数据库。为剔除异常值的影响，本书对连续变量在 1% 和 99% 水平上缩尾处理。

二、变量定义与模型设计

（一）被解释变量

本章在主要假设的检验中采用会计业绩指标的方法探讨企业绩效，其主要原因为：第一，市场反应以股票价格为基础，但我国资本市场的股价表现可能在区分真实经济收益和资本市场的非效率方面具有一定缺陷，本章对于违规企业发起并购后绩效的考察从会计业绩指标出发，便于回归会计的基本特质，分析违规企业发起并购能否带来真正的经济收益。第二，针对本章的研究内容，考察违规企业发起并购和不发起并购两类样本在企业绩效方面的差异时，由于企业未发起并购则无法计算市场绩效，仅能通过财务绩效的方式进行比较。本章借鉴温和姚（Wan and Yiu, 2009），以及刘健和刘春林（2016）的方法，采用总资产收益率和净资产收益率衡量企业绩效。从计量的角度，总资产收益率使用净利润除以平均总资产乘

---

① 锐思金融研究数据库（RESSET）中的"重大事项违规处罚"统计表中把证监会和证交所出具的问询函和关注函也考虑在违规事件中，但是关于这两类情况是否真正属于违规，在学术界存在不同意见。与之前章节保持一致，本章在统计违规样本时删去了这两种情况。

100 进行度量，净资产收益率使用净利润除以平均净资产乘 100 进行度量。在稳健性检验中，本章也使用经行业年份调整的总资产收益率和净资产收益率进行验证。

（二）解释变量

本章的样本为所有违规公司，在此基础上研究违规公司的并购交易对于其绩效的影响。根据万得数据库，如果公司当年有宣告并购交易，则取值为 1，否则定义为 0。如果公司在一年内发起多次并购交易的情况则不累积计算。

（三）控制变量

控制变量参照已有文献的研究（黄灿和李善民，2019），包含了公司规模、资产负债率、经营现金流、第一大股东持股比例（*First*）、第二至十大股东持股比例（*Second*）、机构投资者持股比例、董事会规模、独立董事比例、两职合一、股权性质和上市年限。另外，本章也同时控制了年份和行业变量。具体的变量符号和详细定义见表 6 - 1 变量的定义与说明。

表 6 - 1　　　　　　　　　　　　变量的定义与说明

变量名称	变量符号	变量定义与说明
被解释变量		
企业绩效（Performance）	ROA	总资产收益率，采用净利润/平均总资产 ×100 衡量
	ROE	净资产收益率，采用净利润/平均净资产 ×100 衡量
解释变量		
违规公司并购	Fraud_MA	违规公司如果本年度存在已宣告的并购行为则取 1，否则为 0
控制变量		
公司规模	Size	采用企业总资产的自然对数衡量
资产负债率	LEV	采用总负债除以总资产衡量
经营现金流	OCF	采用经营性现金流除以总资产衡量
第一大股东持股	First	衡量第一大股东持股比例
第二至十大股东持股	Second	采用第二至十大股东持股比例加总衡量

变量名称	变量符号	变量定义与说明
机构投资者持股	*Insthold*	衡量机构投资者持股比例
董事会规模	*Board*	采用董事会人数的自然对数衡量
独董比例	*Independ*	采用独立董事占所有董事的比例衡量
两职合一	*Dual*	衡量企业的董事长和总经理是否为同一人担任，有则为 1，否则为 0
国有企业	*SOE*	衡量企业的产权性质。国有企业赋值 1，否则为 0
上市年限	*Age*	衡量企业上市的年份

（四）模型设计

本章构建模型 6 - 1 对于违规企业的并购行为对绩效的影响（假设 6 - 1）进行检验。被解释变量中的总资产收益率和净资产收益率为连续变量，为和以前章节保持一致，使用普通最小二乘法模型进行估计见式（6 - 1）。为了避免内生性的影响，所有的控制变量均采用滞后一期处理。

$$
\begin{aligned}
Performance_{i,t} = {} & \beta_0 + \beta_1 Fraud\_MA_{i,t} + \beta_2 Size_{i,t-1} + \beta_3 LEV_{i,t-1} + \beta_4 OCF_{i,t-1} \\
& + \beta_5 First_{i,t-1} + \beta_6 Second_{i,t-1} + \beta_7 Insthold_{i,t-1} + \beta_8 Board_{i,t-1} \\
& + \beta_9 Independ_{i,t-1} + \beta_{10} Dual_{i,t-1} + \beta_{11} SOE_i + \beta_{11} Age_i \\
& + Yeardummy + Industrydummy + \varepsilon_i
\end{aligned}
\tag{6-1}
$$

第四节 实证结果分析

一、描述性统计

表 6 - 2 汇报了在回归模型中所使用变量的描述性统计结果。可以看出，2008 ~ 2017 年违规企业平均总资产收益率为 2.7%，最小值为 - 34.76%，最大值为 26.25%，标准差为 6.829%；违规企业平均净资产收益率为 3.248%，最小值为 - 119.7%，最大值为 40.31%，标准差为 20.04%，两

个变量的数据均说明违规企业的业绩波动幅度较大。另外，本章也使用第四章的样本计算了未违规企业的总资产收益率和净资产收益率，发现未违规企业平均总资产收益率为 4.47%，平均净资产收益率为 7.44%，均在1% 水平上显著高于违规企业的数据，说明平均来看，企业违规后的声誉损失使得企业业绩受到显著影响。

表 6 – 2   描述性统计

变量	观测值	均值	标准差	最小值	中位数	最大值
总资产收益率	2572	2.700	6.829	−34.760	2.716	26.250
净资产收益率	2572	3.248	20.040	−119.700	5.474	40.310
违规公司并购	2572	0.467	0.499	0.000	0.000	1.000
公司规模	2572	21.840	1.272	18.890	21.710	26.930
资产负债率	2572	45.670	22.800	4.654	45.510	110.900
经营现金流	2572	0.035	0.081	−0.216	0.035	0.291
第一大股东持股	2572	32.750	14.770	8.500	30.130	76.950
第二至十大股东持股	2572	23.190	12.580	2.510	21.820	53.970
机构投资者持股	2572	0.229	0.217	0.000	0.158	0.847
董事会规模	2572	2.250	0.176	1.792	2.303	2.773
独董比例	2572	0.371	0.052	0.250	0.333	0.571
两职合一	2572	0.266	0.442	0.000	0.000	1.000
国有企业	2572	0.314	0.464	0.000	0.000	1.000
上市年限	2572	10.860	6.699	1.000	10.000	23.000

违规处罚 | 对企业并购的影响研究

从违规企业并购来看，平均有 46.7% 的违规上市公司作为主并方实施了并购交易，这个比例与第四章的结果相比没有明显差异（第四章中违规企业发起并购比例 MAyes 的均值为 44.23%），仍然高于未违规企业发起并购的比例（第四章中未违规企业发起并购比例 MAyes 的均值为37.6%），结论与前文基本一致，说明违规企业仍然是更倾向于发起并购的。

从控制变量来看，样本中企业规模均值为 21.84，最小值为 18.89，最大值为 26.93；企业的资产负债率均值为 45.67%，最小值为 4.654%，最大值为 110.9%，平均负债程度在较为合理的范围之内；经营现金流均值为 0.035，最小值为 -0.216，最大值为 0.291；第一大股东持股比例均值为 32.75%，最小值为 8.5%，最大值为 76.95%，说明第一大股东持股比例较高；第二至十大股东持股比例均值为 23.19%，最小值为 2.51%，最大值为 53.97%，前十大股东持股数均值超过 50%，说明样本公司股权集中度较高；机构投资者持股均值为 0.229，最小值为 0，最大值为 0.847；独立董事比例均值为 0.371，最小值为 0.25，最大值为 0.571，均值和中位数均超过规定的独立董事比例。另外，国有企业平均占比为 0.314%；样本中平均有 26.6% 的企业存在两职合一的情况。

表 6 - 3 主要是回归变量的皮尔逊相关系数。可以看到违规企业并购和企业绩效的两个变量之间均呈现正相关关系，且都在 1% 的水平上显著，即违规企业发起的并购能够提升企业绩效。企业规模和经营现金流与企业绩效呈显著正相关关系，表明企业规模越大，经营现金流越高，企业绩效更好。企业的资产负债率与企业绩效的两个变量之间均呈现负相关关系，符合"融资啄序现象"，说明盈利能力强的公司优先从内部融资，进而导致财务杠杆降低。第一大股东持股比例和第二至十大股东持股比例与企业绩效呈显著正相关关系，大股东持股比例越高，可能会对于经理层的行为进行主动监督，有利于缓解股东与经理的代理问题，对于企业业绩的提升有正向影响。机构投资者持股与企业绩效呈显著正相关关系，机构投资者持股能够实施较为有效的外部监督，同样对于企业业绩的提升有正向影响。另外，国有企业和上市年限与企业业绩呈现显著负相关关系。

在表 6 - 3 中，其他自变量之间的相关系数均没有超过 0.6，因此解释变量之间不存在严重的多重共线性问题。本章也对所有的自变量进行了使用方差膨胀因子的多重共线性检验，发现平均方差膨胀因子为 1.30，所有的方差膨胀因子值都没有超过 2，同样说明严重的多重共线性问题不会影响本章的回归分析。

表 6 – 3

相关性检验

变量	(1)	(2)	(3)	(4)	(5)	(6)	(7)	(8)	(9)	(10)	(11)	(12)	(13)	(14)
(1) 总资产收益率	1													
(2) 净资产收益率	0.823***	1												
(3) 违规公司并购	0.071***	0.070***	1											
(4) 公司规模	0.037*	0.067***	0.089***	1										
(5) 资产负债率	-0.208***	-0.127***	-0.003	0.355***	1									
(6) 经营现金流	0.272***	0.164***	-0.005	0.040**	-0.117***	1								
(7) 第一大股东持股	0.123***	0.097***	-0.018	0.263***	0.002	0.051***	1							
(8) 第二至十大股东持股	0.114***	0.082***	0.068***	-0.025	-0.160***	-0.019	-0.297***	1						
(9) 机构投资者持股	0.094***	0.073***	0.061***	0.220***	-0.001	0.031	0.097***	0.163***	1					
(10) 董事会规模	0.011	-0.002	-0.035*	0.274***	0.112***	0.058***	0.062***	0.006	0.065***	1				
(11) 独董比例	0.006	0.015	0.016	-0.034	-0.042***	-0.026	0.036*	0.009	0.028	-0.519***	1			
(12) 两职合一	0.018	0.010	0.038*	-0.101***	-0.134***	-0.028	-0.002	0.029	-0.040**	-0.163***	0.094***	1		
(13) 国有企业	-0.048**	-0.053***	-0.131***	0.301***	0.287***	0.056***	0.223***	-0.234***	0.084***	0.236***	-0.074***	-0.202***	1	
(14) 上市年限	-0.122***	-0.089***	-0.038*	0.176***	0.381***	0.001	-0.131***	-0.248***	0.110***	0.044***	-0.038*	-0.159***	0.339***	1

注：* 为 $p < 0.1$，** 为 $p < 0.05$，*** 为 $p < 0.01$。

表6-4通过均值显著性差异检验分析违规企业并购对企业绩效的影响。按照违规企业是否作为主并方实施并购交易把样本企业分为并购组和未并购组，分别计算总资产收益率和净资产收益率的均值并进行均值显著性差异检验。结果显示，从总资产收益率来看，未并购样本组均值为2.244%，并购样本组均值为3.221%，差异为-0.977%，T值为-3.628（在1%水平上显著）。从净资产收益率（ROE）来看，未并购样本组均值为1.927%，未并购样本组均值为4.755%，差异为-2.828%，T值为-3.579（在1%水平上显著）。说明完成并购的违规企业绩效更好，能够取得一定的声誉修复效果，T检验的结果支持了假设6-1。

表6-4 均值显著性差异检验

变量	未并购组		并购组		差异	T值
	观测值	均值	观测值	均值		
总资产收益率	1370	2.244	1202	3.221	-0.977***	-3.628
净资产收益率	1370	1.927	1202	4.755	-2.828***	-3.579

注：均值显著性差异的检验方法是T检验。

二、多元回归分析

本节通过多元回归分析违规企业并购对企业绩效的影响（假设6-1），解释变量包括总资产收益率和净资产收益率。在表6-5的实证结果中，模型（1）和模型（3）不包括所有的控制变量，而模型（2）和模型（4）包含了所有的控制变量进行回归。结果显示，违规企业并购与企业绩效呈现显著的正相关关系。具体来看：第一，实施并购的违规企业总资产收益率更高；第二，实施并购的违规企业净资产收益率更高。所有结果均在1%水平上显著，说明企业违规后通过完成并购的方式能够弥补监管处罚所造成的损失，提升企业绩效，假设6-1再次得到验证。控制变量方面，企业规模和经营现金流与企业绩效显著正相关，表明企业规模越大，经营现金流越充沛，企业绩效越好；第一大股东持股比例、第二至十大股东持股比例和机构投资者持股与企业绩效呈显著正相关关系，说明有效的内外部监督对于企业业绩的提升有正向影响。企业的资产负债率与企业绩效的两个变量之间均呈现负相关关系且在1%水平上显著，说明企业负债程度越高，可能会对企业绩效产生负面影响。

表6-5　　　　　　　违规企业并购对企业绩效影响的实证结果

变量	总资产收益率		净资产收益率	
	(1)	(2)	(3)	(4)
违规公司并购	1.121*** (3.978)	0.789*** (3.031)	3.189*** (3.985)	2.138*** (2.759)
公司规模		0.413*** (2.876)		1.548*** (3.076)
资产负债率		-0.051*** (-5.692)		-0.112*** (-3.581)
经营现金流		20.623*** (10.055)		37.311*** (7.657)
第一大股东持股		0.056*** (4.970)		0.119*** (3.492)
第二至十大股东持股		0.059*** (4.605)		0.117*** (2.918)
机构投资者持股		1.923*** (2.852)		4.597** (2.350)
董事会规模		-0.604 (-0.593)		-2.696 (-0.889)
独董比例		-0.899 (-0.294)		-1.341 (-0.159)
两职合一		0.008 (0.025)		-0.207 (-0.228)
国有企业		-0.278 (-0.859)		-2.000* (-1.869)
上市年限		-0.012 (-0.431)		-0.068 (-0.832)
截距	-0.243 (-0.167)	-8.282** (-2.163)	-2.595 (-0.617)	-28.531** (-2.490)
行业/年份	控制	控制	控制	控制
观测值	2572	2572	2572	2572
校正决定系数	0.029	0.152	0.014	0.077

注：括号内为 p 值，* 为 p<0.1，** 为 p<0.05，*** 为 p<0.01。

违规处罚

对企业并购的影响研究

三、基于并购类型的调节效应分析

在我国资本市场上,违规企业发起并购活动,能够通过企业规模的扩大,市场竞争力的增强,以达到挽回利益相关者信任和修复声誉的目的。然而不同的并购类型对于企业绩效的影响可能具有差异。横向并购是一种快速扩张的有效途径,能够帮助企业获取规模经济效应,以及在巩固和提升行业竞争优势地位方面具有一定的优势(徐虹等,2015)。对于违规企业而言,横向并购交易的双方企业处于同一行业,在整合过程中能够较好地减少违规后资源约束情境下的资源耗费,也能够在短期内实现协同效应,并且,违规企业专注于主营业务的并购对于增强利益相关者的信心也有积极的作用。

因此,本章预期违规企业完成的横向并购能够更为有效的挽回利益相关者的信任并修复声誉,对于企业绩效的提升具有更为显著的正向影响。在并购类型的衡量方面,如果主并方企业和目标方企业处于同一行业,本章则定义为横向并购,否则定义为非横向并购。按照这样的分类方式可以把并购样本分为横向并购组和非横向并购组,以检验不同的并购类型对于企业总资产收益率和净资产收益率的影响。在实证检验中,参考刘行和李小荣(2016),将样本分为两部分:第一部分为横向并购样本和未并购样本;第二部分为非横向并购样本和未并购样本,以便于比较违规企业的并购类型对于企业绩效的影响差异。分组回归结果如表6-6所示,其中模型(1)和模型(2)为横向并购样本,模型(3)和模型(4)为非横向并购样本。可以看到,横向并购的违规企业的总资产收益率和净资产收益率均高于未并购的违规企业,且在1%水平上显著。而与未发生并购的违规企业相比,非横向并购的违规企业总资产收益率和净资产收益率的系数虽然为正,但是不显著。使用组间差异检验发现检验系数为13.33,在1%水平上显著,证实了两组的差异。整体来看,横向并购能够给违规企业带来更好的绩效,研究结果与本章假设6-2的预期相符。

表 6 - 6　　　　　　违规企业并购对企业绩效影响的实证结果——横向并购

变量	横向并购		非横向并购	
	ROA	ROE	ROA	ROE
	(1)	(2)	(3)	(4)
违规公司并购	1.373 ***	3.349 ***	0.066	0.683
	(4.603)	(4.059)	(0.199)	(0.663)
公司规模	0.363 **	1.314 **	0.428 **	1.393 **
	(2.316)	(2.206)	(2.491)	(2.317)
资产负债率	-0.053 ***	-0.104 ***	-0.046 ***	-0.118 ***
	(-5.230)	(-2.936)	(-4.503)	(-3.179)
经营现金流	23.108 ***	41.432 ***	20.065 ***	34.481 ***
	(9.810)	(7.200)	(8.629)	(6.087)
Z 值	0.051 ***	0.101 **	0.062 ***	0.137 ***
	(4.058)	(2.524)	(4.688)	(3.230)
托宾 Q	0.044 ***	0.079 *	0.064 ***	0.139 ***
	(3.224)	(1.703)	(4.270)	(2.834)
机构投资者持股	2.160 ***	4.983 **	2.242 ***	4.712 *
	(2.993)	(2.352)	(2.699)	(1.852)
董事会规模	-1.065	-2.527	-0.119	-1.955
	(-0.967)	(-0.715)	(-0.103)	(-0.552)
独董比例	0.367	2.592	-0.014	0.192
	(0.112)	(0.296)	(-0.004)	(0.019)
两职合一	0.177	0.293	0.154	-0.311
	(0.503)	(0.283)	(0.405)	(-0.272)
国有企业	-0.488	-2.515 **	-0.442	-2.269 *
	(-1.288)	(-2.080)	(-1.188)	(-1.759)
上市年限	-0.010	-0.049	-0.007	-0.046
	(-0.305)	(-0.515)	(-0.201)	(-0.454)
截距	-5.724	-24.039 *	-11.430 ***	-31.086 **
	(-1.341)	(-1.820)	(-2.689)	(-2.308)
行业/年份	控制	控制	控制	控制
观测值	1996	1996	1946	1946
校正决定系数	0.172	0.077	0.137	0.065

注：括号内为 p 值，* 为 p<0.1，** 为 p<0.05，*** 为 p<0.01。

第五节 进一步分析

一、并购市场绩效分析

考察企业绩效的方法除了以总资产收益率和净资产收益率为代表的财务绩效之外，还可以通过市场绩效加以验证。由于本章样本中一部分违规企业没有发起并购，难以计算以事件窗口期为基础的市场绩效，在主要的被解释变量中仅放入财务绩效。在进一步分析中，本节采取累计超额收益率的方法对于短期市场绩效进行研究，通过窗口期股票价格的变化能够较好地研究违规企业发起的并购活动能否得到资本市场的认可。因此，本节样本仅包括发起并购的违规企业。

本节衡量并购方短期市场绩效的具体方法是使用超额收益率指标，该指标根据法玛等（Fama et al.，1969）的市场模型法计算，具体方式是：测量并购首次公告日前后若干个交易日企业股票价格的超额收益率，再进行累积加总。本节依据市场模型法，先通过模型 $R_i = \alpha + \beta R_m + \varepsilon$，估计出正常回报率。其中，$R_i$ 代表并购方 i 的股票日收益率，R_m 代表市场平均回报（使用 CSMAR 综合市场交易数据，考虑现金股利再投资的日个股回报率，流通市值加权平均）。在样本选择时，本节选取每年第一次并作为研究样本。在窗口期的选择时，参考田高良等（2013）的方法，使用并购企业在并购宣告日前 180 个交易日至并购宣告日前 30 个交易日作为估计窗口期。本节使用窗口期的公司股票日收益率和市场平均回报数据对市场模型进行估计，分别得到 "α" 和 "β"，以预测并购企业在窗口期的正常回报率。使用窗口期企业收益率的实际值与预测的正常回报的差额为日超额回报，累计相加得到短期并购绩效的度量。本节同时使用并购方在并购宣告日前后一天（共计三天）和前后两天（共计五天）的累计超额回报，即 CAR（-1，1）、CAR（-2，2）来度量短期并购绩效。在剔除数据不全的样本后，本节包括 648 个违规企业发起并购的样本。如表 6-7 所示，并购前后一天违规企业的 CAR 值为 0.026，并购前后两天违规企业的 CAR 值为 0.034，且都在 1% 水平上显著为正，说明违规企业发起的并购能够得到资本市场的认可。

表 6 – 7 企业并购市场绩效

变量	观测值	均值	T 值
累计超额收益率（-1, 1）	648	0.026	8.457 ***
累计超额收益率（-2, 2）	648	0.034	8.048 ***

本节也同时考察不同类型的并购在市场绩效方面的差异。本节把并购样本分为横向并购组和非横向并购组，以检验不同的并购类型对于超额累积收益的影响。由于本节所用样本为违规企业发起并购的样本，是并购企业之间的比较，因此设置解释变量横向并购，如果该并购为同行业并购则取值为 1，否则为 0。为控制并购交易层面的因素，本节在原有控制变量基础上，加入并购支付方式（现金支付为 1，否则为 0），是否关联交易（关联交易为 1，否则为 0），目标方是否上市公司（并购目标方是上市公司为 1，否则为 0）三个变量。如表 6 – 8 所示，同行业并购与超额累积收益的两个系数均为正，且在 5% 水平上显著，同样说明同行业并购能够带来更好的市场绩效。

违规处罚
对企业并购的影响研究

表 6 – 8 同行业并购与企业并购市场绩效

变量	累计超额收益率（-1, 1）	累计超额收益率（-2, 2）
	(1)	(2)
横向并购	0.015 ** (2.264)	0.019 ** (2.092)
公司规模	-0.006 * (-1.703)	-0.006 (-1.501)
资产负债率	-0.000 (-0.045)	0.000 (0.193)
经营现金流	-0.008 (-0.155)	-0.017 (-0.258)
第一大股东持股	0.000 (0.403)	0.000 (0.491)

变量	累计超额收益率（-1，1）	累计超额收益率（-2，2）
	(1)	(2)
第二至十大股东持股	-0.000	-0.000
	(-0.453)	(-0.640)
机构投资者持股	0.013	0.021
	(0.868)	(1.088)
董事会规模	-0.021	-0.018
	(-0.989)	(-0.636)
独董比例	0.041	-0.005
	(0.663)	(-0.062)
两职合一	-0.016 **	-0.016 *
	(-2.130)	(-1.732)
国有企业	0.006	0.002
	(0.759)	(0.148)
上市年限	0.000	0.000
	(0.152)	(0.087)
现金支付	-0.103 ***	-0.152 ***
	(-8.193)	(-9.005)
关联交易	0.004	0.005
	(0.552)	(0.486)
上市公司	-0.025	-0.026
	(-0.903)	(-0.626)
截距	0.224 ***	0.291 ***
	(2.610)	(2.626)
行业/年份	控制	控制
观测值	530	530
校正决定系数	0.287	0.314

注：括号内为 p 值，* 为 $p < 0.1$，** 为 $p < 0.05$，*** 为 $p < 0.01$。

二、母公司绩效分析

违规企业实施并购能够取得较好的企业绩效，这可能是由于并购缓和了企业与利益相关者之间的关系及修复了自身声誉，也可能是因为在并购中企业会选择本身业绩较好的目标方，优质资源的注入提升了企业业绩，

159

本节希望对于这个问题进行探讨。我国上市公司会提供两种财务报表，即合并报表和母公司报表，这为本节的研究提供了便利，对于母公司数据的考察可以帮助排除在并购中目标公司业绩的影响。在这样的考虑下，本节使用母公司的总资产收益率和净资产收益率作为企业绩效的替代变量，考察违规企业实施并购对于企业绩效的影响。如表6-9所示，违规企业是否实施并购与母公司绩效之间呈现正相关关系，且至少在10%水平上显著，说明企业违规后实施并购对于企业绩效的正向影响并不仅是由于目标企业绩效的简单相加带来的。

表6-9 母公司绩效

变量	总资产收益率	净资产收益率
	(1)	(2)
违规公司并购	0.406 * (1.888)	1.187 ** (1.966)
公司规模	0.278 ** (2.117)	0.877 ** (2.241)
资产负债率	-0.037 *** (-3.790)	-0.057 ** (-2.139)
经营现金流	9.810 *** (3.102)	21.830 *** (2.925)
第一大股东持股	0.040 *** (4.575)	0.091 *** (3.720)
第二至十大股东持股	0.021 ** (2.184)	0.062 ** (2.193)
机构投资者持股	1.416 *** (2.616)	3.195 ** (2.059)
董事会规模	-0.106 (-0.130)	-0.575 (-0.236)
独董比例	-1.720 (-0.673)	-3.005 (-0.465)
两职合一	-0.229 (-0.954)	-0.606 (-0.871)

变量	总资产收益率	净资产收益率
	(1)	(2)
国有企业	-0.104	-1.149
	(-0.371)	(-1.303)
上市年限	-0.057**	-0.120*
	(-2.444)	(-1.799)
截距	-4.779	-18.230*
	(-1.510)	(-1.934)
行业/年份	控制	控制
观测值	2546	2546
校正决定系数	0.118	0.072

注：括号内为 p 值，* 为 $p < 0.1$，** 为 $p < 0.05$，*** 为 $p < 0.01$。

三、企业投资方向分析

投资是影响企业价值的重要途径（Titman et al.，2004），从类型来看，包括通过固定资产或研发投入来实现的对内（有机成长型）投资，以及通过并购来实现的对外（扩张型）投资。从两种投资方式的时间耗费来看，并购能够在短期内实现企业规模扩张，提升社会认可度和地位（陈仕华等，2015；Shi et al.，2017）；而通过对内投资来实现企业增长往往需要较为漫长的过程。但是对内投资形成的固定资产和无形资产是企业的关键储备，对于增强企业核心竞争力至关重要（柯艳蓉等，2019）。对于违规企业来说，并购具有缓和利益相关者关系和修复声誉的作用，然而，在违规处罚带来的资源约束的情境下，企业对外投资的增加是否会影响其对企业内部投资的规模？或者说，违规企业是否为了达到短期内修复声誉的目的而调整资本投入安排，通过增加并购活动而缩减提升企业有机成长能力的固定资产投资或研发投入？

事实上，国内外的前沿研究近年来越发关注并购对研发的影响（任曙明等，2017；Haucap et al.，2019；Phillips and Zhdanov，2013），提出了并购促进研发投入和并购抑制研发投入两种截然不同的观点。促进观点的研究认为，并购后主并方和目标方的资产互补性会促进企业增加研发投入；而抑制观点的研究指出，并购带来的信息不对称、契约不完全性，以及财务负担等因素都会抑制研发。已有文献从并购双方的经济特征维度探究并购影响研发的机制，而本章基于一个特定的场景，即在违规处罚后企业资源受到限制的情况下探讨并购与研发投入的关系，可能为相关文献增添新的证据。

在实证检验中，本节参考刘运国和刘雯（2007），以及袁和张（2016）的研究，固定资产投资为企业当年构建固定资产和其他长期资产等支付的现金除以总资产，研发投入为企业当年研发支出除以总资产，两个变量都经过行业年度均值调整。如表6-10所示，违规企业是否实施并购对于企业在固定资产投资方面的影响并不显著，这可能是由于企业的固定资产投资本身具有一定的黏性，不会在短期内产生较大幅度的变动。但是违规企业发起并购与企业研发投入之间呈现负相关关系，且在1%水平上显著。说明企业违规处罚后，为了通过并购活动修复声誉，可能调整资本投入的安排。由于并购而支付的对价会形成企业的财务负担，削弱企业增加研发投入以内化知识的能力。在一定程度上，并购投资"挤占"了研发投入的规模，这样的投资决策调整也可能对于违规企业的持续性发展产生影响。

违
规
处
罚

对企业并购的影响研究

表6-10 投资方向调整

变量	固定资产投资	研发投入
	（1）	（2）
违规公司并购	0.003 （1.400）	-0.002 *** （-3.039）
公司规模	0.003 *** （2.663）	0.001 *** （3.699）
资产负债率	-0.000 （-1.099）	-0.000 *** （-4.819）
经营现金流	0.056 *** （4.304）	0.011 ** （2.301）

变量	固定资产投资	研发投入
	(1)	(2)
第一大股东持股	0.000 (0.602)	−0.000 * (−1.746)
第二至十大股东持股	0.000 (1.561)	−0.000 * (−1.714)
机构投资者持股	0.003 (0.479)	0.000 (0.127)
董事会规模	0.009 (1.117)	0.004 (1.545)
独董比例	0.004 (0.178)	−0.008 (−0.942)
两职合一	0.002 (0.964)	−0.001 (−1.314)
国有企业	−0.003 (−1.124)	0.000 (0.492)
上市年限	−0.001 *** (−4.141)	−0.000 *** (−3.441)
截距	−0.110 *** (−3.850)	−0.032 *** (−3.205)
行业/年份	控制	控制
观测值	2572	2572
校正决定系数	0.054	0.055

注：括号内为 p 值，* 为 $p<0.1$，** 为 $p<0.05$，*** 为 $p<0.01$。

四、并购长期绩效分析

违规企业发起的并购具有在短期内挽回利益相关者信任和修复声誉的效果，能够提升企业的短期绩效。然而，违规企业发起的并购是否能取得长期绩效？本节针对这个问题展开研究。

本节仍然使用企业总资产收益率和净资产收益率来衡量企业绩效，探讨违规企业发起并购对于并购后一年、两年和三年绩效的影响。如表6-11所示，违规企业并购后一年的绩效显著为正，第二年的绩效为正但不显著，而在并购后第三年出现反转，企业并购后第三年的总资产收益率和净资产收益率为负，且至少在10%水平上显著。结合上一节的研究结果，这可能是由于违规企业发起并购，是在声誉修复的动机下的短期决策，但是缩减了对企业长期发展具有积极作用的研发投入，因此对于企业的长期绩效产生一定的负面影响。

表6-11　　　　　　　　　　　　　长期绩效

变量	并购后第一年		并购后第二年		并购后第三年	
	总资产收益率（t+1）	净资产收益率（t+1）	总资产收益率（t+2）	净资产收益率（t+2）	总资产收益率（t+3）	净资产收益率（t+3）
	(1)	(2)	(2)	(1)	(3)	(3)
违规公司并购	0.763 ** (2.431)	2.332 ** (2.363)	0.131 (0.325)	3.103 (1.201)	-0.876 ** (-2.140)	-1.178 * (-1.910)
公司规模	0.618 *** (3.421)	1.640 *** (2.679)	0.431 ** (2.252)	2.781 ** (2.453)	0.444 * (1.929)	0.706 ** (2.277)
资产负债率	-0.066 *** (-5.804)	-0.150 *** (-4.207)	-0.080 *** (-6.735)	-0.350 ** (-2.199)	-0.076 *** (-5.946)	-0.073 *** (-3.976)
经营现金流	15.548 *** (6.756)	34.763 *** (5.250)	12.047 *** (4.279)	29.888 *** (3.444)	8.981 *** (2.983)	11.790 *** (3.075)
第一大股东持股	0.056 *** (4.426)	0.159 *** (4.339)	0.077 *** (4.845)	0.275 ** (2.402)	0.043 ** (2.434)	0.053 ** (2.109)
第二至十大股东持股	0.038 *** (2.592)	0.138 *** (3.310)	0.060 *** (3.295)	0.034 (0.191)	0.023 (1.155)	0.030 (1.054)
机构投资者持股	1.319 (1.489)	1.161 (0.470)	-0.593 (-0.620)	-0.139 (-0.037)	0.776 (0.717)	1.832 (1.148)
董事会规模	0.686 (0.472)	2.377 (0.562)	-0.466 (-0.315)	5.685 (0.713)	0.000 (0.000)	-1.048 (-0.489)
独董比例	-1.506 (-0.429)	1.962 (0.191)	-5.105 (-1.233)	22.993 (0.865)	-10.550 ** (-2.499)	-14.649 ** (-2.199)
两职合一	-0.026 (-0.070)	-0.661 (-0.579)	-0.363 (-0.744)	3.932 ** (2.064)	-0.549 (-1.051)	-0.918 (-1.246)

变量	并购后第一年		并购后第二年		并购后第三年	
	总资产收益率（t+1）	净资产收益率（t+1）	总资产收益率（t+2）	净资产收益率（t+2）	总资产收益率（t+3）	净资产收益率（t+3）
	(1)	(2)	(2)	(1)	(3)	(3)
国有企业	0.604 (1.542)	1.062 (0.843)	0.721 (1.628)	−7.373 (−1.034)	0.035 (0.071)	−0.688 (−0.860)
上市年限	−0.048 (−1.100)	−0.069 (−0.590)	0.065 (1.292)	0.216 (1.231)	0.064 (1.323)	0.107 (1.529)
截距	−14.870*** (−3.087)	−50.323*** (−3.706)	−3.260 (−0.683)	−59.687* (−1.782)	−3.969 (−0 731)	−6.567 (−0.792)
行业/年份	控制	控制	控制	控制	控制	控制
观测值	2572	2557	2094	2071	1437	1425
校正决定系数	0.121	0.068	0.098	0.002	0.081	0.051

注：括号内为 p 值，* 为 $p<0.1$，** 为 $p<0.05$，*** 为 $p<0.01$。

第六节　稳健性检验

在稳健性检验部分，本章通过对被解释变量企业绩效度量方式的替换、内生性问题、调整样本三个方面进行了测试，整体来看，本节的结果与前面结果基本保持一致，证明了研究结论的稳健性。

一、变量替换

本书参考黄灿和李善民（2019），以及胡元木和纪端（2017）的研究，采用息税前利润（企业息税前利润除以总资产）和营业利润率来衡量企业绩效。如表 6-12 所示，列（1）和列（3）未控制所有的控制变量，而列（2）和列（4）加入所有的控制变量进行回归分析。整体来看，违规企业完成并购与息税前利润率和营业利润率均呈现正相关关系，且至少在5%水平上显著，说明违规企业完成并购对于企业绩效的提升具有正面影响，本章的结论是稳健的。

表 6-12 稳健性检验——变量替换

变量	息税前利润率		营业利润率	
	(1)	(2)	(3)	(4)
违规公司并购	0.010 ***	0.006 **	0.024 ***	0.014 **
	(3.423)	(2.378)	(3.400)	(2.166)
公司规模		0.005 ***		0.019 ***
		(3.864)		(4.991)
资产负债率		-0.000 ***		-0.002 ***
		(-2.933)		(-9.337)
经营现金流		0.208 ***		0.426 ***
		(10.211)		(9.417)
第一大股东持股		0.001 ***		0.001 ***
		(4.627)		(4.157)
第二至十大股东持股		0.000 ***		0.001 ***
		(3.305)		(3.220)
机构投资者持股		0.021 ***		0.027 *
		(3.024)		(1.649)
董事会规模		-0.008		-0.002
		(-0.765)		(-0.102)
独董比例		-0.016		0.059
		(-0.505)		(0.894)
两职合一		0.000		0.004
		(0.019)		(0.507)
国有企业		-0.005		-0.014 *
		(-1.623)		(-1.713)
上市年限		-0.000		-0.000
		(-0.107)		(-0.458)
截距	0.021	-0.091 **	-0.071 *	-0.443 ***
	(1.283)	(-2.422)	(-1.868)	(-4.762)
行业/年份	控制	控制	控制	控制
观测值	2572	2572	2572	2572
校正决定系数	0.021	0.121	0.050	0.208

注: 括号内为 p 值, * 为 $p < 0.1$, ** 为 $p < 0.05$, *** 为 $p < 0.01$。

二、内生性问题

本章的结论可能受到内生性问题的局限。由于违规企业中，完成并购和未完成并购的样本在某些公司特征上本来存在差异，违规企业完成并购对于企业绩效的影响可能是由于这些公司特征的差异造成的。为增强结论的可靠性，本章延续之前章节使用的办法，使用倾向值得分匹配方法控制内生性问题。

本章对于违规企业实施并购的样本和违规企业未实施并购的样本进行 1：1 匹配。本章初步使用所有控制变量反映公司特征，为了使所选择的匹配变量确实能够显著影响公司绩效，再采用后向选择（Backward-selection），逐一剔除原本就不显著的变量，最终确定 7 个变量用于匹配，分别是公司规模、第二至十大股东持股比例、机构投资者持股、董事会规模、两职合一、企业性质、和上市年限。另外，本章也同时匹配了年份和行业变量。

在匹配变量筛选的基础上，其匹配结果满足共同支撑假设和平衡假设。使用最邻近匹配的方法进行匹配后得到 2038 个样本，其中违规企业实施并购的样本 1019 个，违规企业未实施并购的样本 1019 个。如表 6－13 所示，列（1）和列（3）未控制所有的控制变量，而列（2）和列（4）加入所有的控制变量进行回归分析。结果显示，PSM 匹配后违规企业并购与企业绩效的两个变量总资产收益率和净资产收益率均呈现正相关关系，且至少在 5％ 水平上显著，说明违规企业并购能够提升企业绩效，本章的结论是稳健的。

表 6－13　　　　　　　　稳健性检验——内生性问题

变量	总资产收益率		净资产收益率	
	（1）	（2）	（3）	（4）
违规公司并购	0.998 ***	0.967 ***	2.252 **	2.195 ***
	(3.216)	(3.384)	(2.579)	(2.626)

167

变量	总资产收益率		净资产收益率	
	(1)	(2)	(3)	(4)
公司规模		0.533*** (3.083)		1.706*** (2.866)
资产负债率		-0.048*** (-4.800)		-0.103*** (-2.937)
经营现金流		19.968*** (8.821)		37.914*** (7.023)
第一大股东持股		0.053*** (4.230)		0.128*** (3.337)
第二至十大 股东持股		0.066*** (4.526)		0.150*** (3.507)
机构投资者持股		2.298*** (3.080)		5.450*** (2.610)
董事会规模		-0.505 (-0.439)		-3.465 (-1.122)
独董比例		-0.542 (-0.159)		-2.717 (-0.295)
两职合一		-0.091 (-0.265)		-0.120 (-0.123)
国有企业		-0.421 (-1.182)		-1.859 (-1.594)
上市年限		-0.006 (-0.187)		-0.021 (-0.218)
截距	-0.829 (-0.490)	-12.535*** (-2.787)	-2.139 (-0.474)	-32.984** (-2.566)
行业/年份	控制	控制	控制	控制
观测值	2038	2038	2038	2038
校正决定系数	0.026	0.143	0.007	0.073

注：括号内为 p 值，* 为 $p<0.1$，** 为 $p<0.05$，*** 为 $p<0.01$。

违规处罚｜对企业并购的影响研究

三、样本选择问题

并购是复杂的投资活动，涉及的主体至少包括交易的主并方和目标方，从企业宣告并到并购完成中存在的各种风险因素，导致一部分并购难以完成。如果并购因为某些原因而未能完成，这样的并购交易可能不会对于企业绩效产生较大的影响。因此，一些文献使用那些已经完成的并购事件作为研究样本。参考张龙文和魏明海（2019）的研究，本节对违规企业实施并购进行重新筛选，选择当年是否存在已完成的并购事件定义违规公司并购变量。

调整样本后，违规企业中未实施并购的样本 1471 个，实施了并购的样本 1101 个，并购比例为 42.8%。如表 6 - 14 所示，列（1）和列（3）未控制所有的控制变量，而列（2）和列（4）加入所有的控制变量进行回归分析。违规企业并购与企业绩效的两个变量均呈现正相关关系，且在 1% 水平上显著，说明企业违规后，通过实施并购能够取得较好的绩效，本章的结论是稳健的。

表 6 - 14　　　　　　　　稳健性检验——样本选择问题

变量	总资产收益率		净资产收益率	
	（1）	（2）	（3）	（4）
违规公司并购	1.688 ***	1.276 ***	4.733 ***	3.529 ***
	(6.039)	(4.880)	(6.317)	(4.922)
公司规模		0.368 **		1.423 ***
		(2.569)		(2.832)
资产负债率		- 0.050 ***		- 0.110 ***
		(- 5.630)		(- 3.539)
经营现金流		20.566 ***		37.152 ***
		(10.026)		(7.638)
第一大股东持股		0.056 ***		0.120 ***
		(5.033)		(3.537)

变量	总资产收益率		净资产收益率	
	(1)	(2)	(3)	(4)
第二至十大股东持股		0.058 *** (4.556)		0.114 *** (2.860)
机构投资者持股		1.857 *** (2.780)		4.407 ** (2.267)
董事会规模		-0.557 (-0.548)		-2.564 (-0.846)
独董比例		-0.824 (-0.269)		-1.129 (-0.133)
两职合一		-0.013 (-0.041)		-0.266 (-0.293)
国有企业		-0.237 (-0.737)		-1.880 * (-1.770)
上市年限		-0.011 (-0.390)		-0.065 (-0.791)
截距	-0.375 (-0.261)	-7.666 ** (-2.017)	-2.950 (-0.712)	-26.813 ** (-2.355)
行业/年份	控制	控制	控制	控制
观测值	2572	2572	2572	2572
校正决定系数	0.037	0.157	0.021	0.081

注：括号内为 p 值，* 为 p<0.1，** 为 p<0.05，*** 为 p<0.01。

违规处罚——对企业并购的影响研究

第七节　本章小结

随着我国并购市场的不断发展，交易数量及规模均呈现增长趋势，并购这个复杂的决策活动也引起越来越多的关注。企业进行并购究竟是出于何种考虑？理论界和实务界都对并购活动的动机极为重视，在传统的并购动机理论，如协同效应、高管自大、资本市场驱动等基础上，已有研究也提出了政治因素、缓解融资约束、增加社会认可和地位等不同动机（葛结根，2017；汪炜和陆帅，2015；Shi et al.，2017）。对于并购活动来说，能否为企业创造价值是衡量并购成败的核心标准。对于不同并购动机的考察，其最终的目的都希望探讨不同原因发起的并购是否，以及如何对于企业价值创造产生影响。本章以违规企业这个特殊群体为研究对象，探讨违规企业以声誉修复为目的实施的并购活动能否对提升企业绩效产生积极影响。

本章以 2008～2017 年所有违规上市公司为样本，通过实证研究发现违规企业实施的并购活动对企业绩效的提升产生积极影响，能够起到一定的声誉修复作用。具体来看，相对于违规后未实施并购的企业，违规后实施并购的企业总资产收益率和净资产收益率均更高，说明违规企业实施并购能够帮助企业改善资源获取、维护和挽回利益相关者关系，以声誉修复为目的的发起的并购至少在短期对提升企业绩效起到积极作用。从并购类型来看，在企业违规的背景下，横向并购由于信息不对称程度较低、资源流动高效、市场势力增强等优势，能够取得更好的企业绩效。进一步分析发现，从市场绩效来看，违规企业实施的并购活动取得显著为正的超额累积收益，说明违规企业发起的并购能够得到资本市场的认可，其中，横向并购仍然获得更好的市场绩效；违规企业并购能够显著提升母公司绩效，说明企业整体绩效的提升并不仅是目标企业绩效的简单相加带来的；从投资方向的角度，违规企业并购与研发投入之间呈现负相关关系，说明在违规处罚后企业资源受到约束的情境下，并购投资对研发投入的规模形成"挤占"，可能影响企业核心能力的发展；对于并购的长期效应分析也发现，违规企业实施并购后三年的绩效出现"反转"，企业的长期绩效相对较差。从研究结果来看，违规企业实施的并购活动能够取得一定的声誉修复效果，至少在短期内起到提升企业绩效的作用。稳健性检验也表明，在经过替换变量、控制内生性问题、调整样本后，本章的结论仍然是稳健的。

相较于现有文献，本章主要的贡献在于：首先，在违规处罚的特殊背景下研究了企业并购绩效，从最终的价值创造视角检验违规企业并购的声誉修复效果，对声誉修复领域的文献进行了有益的补充；其次，本章研究了以声誉修复为目的发起的并购对于企业绩效的影响，为并购动机与企业绩效关系的文献增添了新的证据；最后，关于并购如何影响研发，已有文献从并购双方的经济特征维度展开分析，而本章基于违规处罚后企业资源受限的特定场景探讨并购与研发的关系，对相关文献进行了一定程度的拓展和延伸。

本章得出以下实践启示：违规企业通过实施并购的方式挽回利益相关者的信任关系并修复声誉，在短期内能够取得较好的财务绩效和市场绩效，这体现了声誉修复行为能够取得一定的效果。然而，如果企业在违规情境下增加并购投资，是以缩减对企业内生式成长和长期发展具有关键作用的研发投入为代价，那么，可能会有损企业长期绩效。声誉代表了利益相关者对企业产生价值和履行承诺等能力的持续性期望，企业在受到违规处罚后，在考虑短期内弥补并修复声誉的同时，也需要对企业长期价值创造进行合理安排，避免长期价值损毁。

违规处罚

对企业并购的影响研究

第七章

研究结论、建议与不足

上市公司违规行为损害了以投资者为首的利益相关者的合法权益，不仅会导致我国资本市场资源配置的低效率，也会影响到国家经济发展以及信用体系的建立健全。监管机构对于公司违规行为的严格处罚能够通过增加违规成本的方式降低后续违规行为的发生概率，在维护利益相关者的合法权益和维持资本市场秩序等方面具有重要性。具体而言，企业的违规成本可以分为两个部分：一部分是来自监管机构的行政处罚（如批评、市场禁入、罚款等）；另一部分是当利益相关者接收到企业违规的信息后，对于企业施加的声誉处罚。两个部分相比较，在企业声誉方面的负面影响往往要大于行政处罚成本（Karpoff and Lott，1993）。在我国的资本市场中，声誉机制发挥出日益重要的作用，对企业声誉资本进行管理也受到重视。因此，在负面事件发生后，越来越多的企业会采取措施以修复受损声誉。这些措施包括慈善捐赠、发布社会责任报告、企业更名等。此外，近期研究发现，并购也是企业维护和提升声誉的重要方式（王雅茹和刘淑莲，2020；Haleblian et al.，2017；Kim et al.，2011；Shi et al.，2017）。本书以声誉为着眼点，对违规处罚与企业并购之间的关系进行了理论分析和实证检验，发掘企业应对资本市场监管的中国逻辑。

第一节　研究结论

本书在中国市场"新兴＋转型"的背景下，以利益相关者理论和信号传递理论等为基础，以2008～2017年我国A股上市公司为样本，采用理论分析与实证研究相结合的方法全面、系统地研究了违规处罚对于企业并购行为的影响及其经济后果。研究发现，首先，违规处罚引致的负面声誉冲击会显著提升企业并购倾向，推动以声誉修复为目的发起的并购；其次，从利益相关者的角度对违规企业并购的声誉修复动机进行了机制检验；最后，研究了违规企业实施并购对于企业绩效的影响。本书主要的研究结论可归纳为以下几点。

（一）违规处罚与企业并购倾向

本书第四章研究了违规处罚对于企业并购的影响，在我国，受到违规处罚的企业会更倾向于发起并购，并且其并购频率更高，并购规模也更大。本书提出企业在因违规处罚产生声誉损失的情境下，会出于声誉修复的动机发起并购活动。其作用机理是，违规企业发布的并购信息能够表明企业投资新项目并积极作为，起到转移利益相关者的注意力以及缓解信息不对称的作用，发起并购也能够通过获取目标公司资源和显示实力的方式满足利益相关者对企业发展的期望，达到声誉修复的效果。另外，不同程度和类型的违规处罚事件对于企业的声誉修复行为会带来不同的影响，违规处罚对于企业并购行为的影响也具有长期效应。本书致力于分析企业在被违规处罚后积极发起并购活动的声誉修复动机，发掘企业应对监管处罚的中国逻辑。

（二）违规处罚、企业并购与声誉修复——基于利益相关者视角的机制检验

本书第五章从利益相关者视角考察违规企业并购在修复声誉方面的作

用机制。经典的声誉理论研究把声誉与利益相关者联系在一起，将声誉定义为企业的过去行为和将来展望对于其所有利益相关者的整体吸引力。本章的研究结论表明：在资本市场上，违规企业的并购能够缓和企业与关键的资本提供者——股东的关系，具体体现在相对于违规后未并购的企业，违规后实施并购的企业权益融资成本更低；在产品市场上，违规企业的并购能够促进企业与供应链上下游的关键利益相关者——供应商和客户的关系，具体体现在相对于违规后未并购的企业，违规后实施并购的企业来自供应商的商业信用额度更高，以及对客户的销售收入更高。违规企业的并购活动能够通过缓和与关键利益相关者的关系，或者说减弱企业在面临声誉损失时，遭受关键利益相关者惩罚/制裁的程度，进而起到一定的声誉修复作用。另外，本书的研究也发现，在资本市场上，违规企业发起并购在提升企业融资规模方面起到积极作用；在产品市场上，违规造成的声誉损失及后续并购带来的声誉修复在那些规模较小的供应商和客户方面更为明显。

（三）违规处罚与企业并购绩效

本书第六章从违规企业的并购行为拓展到对于企业绩效的检验。研究表明违规企业实施的并购活动对于企业绩效的提升能够产生一定的积极影响。具体来看，相对于违规后未并购的企业，违规后实施并购的企业当年总资产收益率和净资产收益率均更高。违规企业以声誉修复为目的实施的并购通过帮助企业改善资源获取、维护和挽回利益相关者关系的方式达到提升企业短期绩效的效果。从并购类型来看，横向并购由于信息不对称程度较低、资源流动高效、市场势力增强等优势，在提升违规企业的短期绩效方面产生更为积极的影响。然而，从企业整体投资规模的视角出发，并购是复杂且充满不确定性的投资活动，需要企业大量资源投入。而在违规处罚导致的资源限制情境下，企业通过并购行为修复声誉，也意味着需要调整资本投入的安排，影响到其他类型的投资。本书的研究发现，违规企业的并购会在一定程度上"挤占"其研发投入。由于研发投入与企业极为重要的核心竞争力相关，该部分投资缩减也在一定程度上影响了企业的长期绩效。

综上所述，本书基于我国的制度背景，基于"声誉损失—声誉修复"的理论视角，分析了违规处罚对于企业并购行为的影响。研究结果表明，修复声誉的内在驱动力会促使我国违规企业积极发起并购，而这样的并购行为能够在短期内帮助企业修复由于监管处罚造成的声誉损失并有利于提升企业绩效。

第二节　政策建议

违规与监管是对立而统一的辩证关系。两者的对立性体现在，监管的重要职能之一就是打击违规行为；而两者的统一性在于，如果违规行为完全不会发生，那么监管的必要性也会严重削弱。不仅如此，由于目前对于是否违规的界定是使用那些已经被监管机构详细调查并施以处罚的违规行为，因此，监管的严格与否也对于违规事件的数量产生重要影响。从现阶段来看，监督和执法力度加强会揭露出企业更多隐藏的问题，表现为违规事件大幅度增加；从更长远的发展阶段来看，坚持严罚重处，保持高压态势，能够对心存侥幸者形成强大威慑，有利于取得降低后续违规数量的良好效果。也正是因为这个原因，加大监管力度、提高违规成本成为近年来我国资本市场监管转型的重要发展方向。在这样的背景下，本书关注到违规企业这个特殊的群体，分析它们在受到违规处罚情境下企业决策的调整，结合前面的理论分析和实证研究结果提出以下政策建议。

第一，提醒监管机构需要针对不同的市场主体采取有差别的监管策略的建议。监管机构对违规行为的处罚力度体现在两个方面：一方面更多的违规行为被披露以及更多违规企业受到处罚；另一方面是违规处罚产生更为严重的经济后果，包括各类行政处罚手段以及造成的企业声誉损失。监管处罚意在提醒上市公司规范自身行为，不要"铤而走险"。而在我国监管趋严的环境下，每年都有为数不少的上市公司受到处罚。从本书的数据来看，在 2008～2017 年间有 1788 家上市公司出现违规，而目前我国上市

违规处罚

——对企业并购的影响研究

公司总数也仅有 3000 多家，可以说，现阶段，受到处罚的违规公司数量会越来越多，成为日益庞大的一个群体类型。而这个群体本身有不良历史，处罚带来的"坏声誉"可能诱使企业出现短期行为，通过改变其投资决策等方式进行"自救"。因此，监管机构在加大对违规行为的处罚力度之外，也需要就企业违规后的应对措施进行合理预期。

当声誉机制作为一种非正式制度在我国资本市场中发挥更为重要的作用，企业的声誉价值会受到更多重视，声誉管理行为也会随之增加。尤其是当面对监管处罚所造成的声誉损失时，越来越多上市公司可能会选择采取一系列措施致力于声誉修复行动。在这个过程中，违规企业倾向于采取何种投资措施，这些措施是否能够"对症下药"，起到改正企业核心问题并防止违规而再次发生的效果，是值得引起高度关注的问题。从已有的声誉修复措施来看，主要包括内部改善（如对于企业的公司治理等方面的实质性改进），以及外部形象塑造（如以新闻、公告的形式发起的慈善捐赠、更名等"曲线救国"行为），如何协调这两种不同方向的声誉修复行动，这不仅关系到监管效力的落实，即监管处罚的治理作用是否被扭曲或弱化，也关系到资本市场上投资者的切身利益，因为上市公司的任何投资决策都涉及企业有限资源的分配和利用，以及之后的企业价值创造。因此，建议监管机构重视和强化分类监管，把违规企业这一特殊类别列入重点关注名单，对于违规企业的投资决策进行有针对性的指导与严格监督，以精准监管和持续监管的方式达到提升监管效能的目的。

第二，提醒投资者关注上市公司实质的并购动机的建议。并购重组是上市公司发展壮大的重要途径。一些上市公司在经历初创期和成长期后，仅靠内向型发展难以突破，而并购重组可以快速提升自身实力和抗风险能力，以及推动战略转型，帮助企业解决发展"瓶颈"和实现产业升级。也正是因为并购所具有的显著优势，全球不断掀起并购浪潮，到目前已出现以技术转移为核心的新一次并购浪潮。在这样的大背景下，我国发布了一系列并购重组优惠政策，希望借助并购浪潮的机遇进一步提升企业核心竞争力以及增强我国经济实力，致使近年来我国并购交易数量和规模不断攀升，也因为如此，资本市场把企业并购当作典型的热点话题和利好消息。

177

成功的并购在推动企业发展方面具有积极作用，然而并不是所有的并购都能得到成功，或者说，有相当一部分并购的结果是低于预期甚至是以失败告终的。在一些并购中，目标企业无法实现其业绩承诺，上市公司预期的利润增量不仅无法兑现，还需要对商誉进行大幅度减值，影响企业利润。而在另一些并购中，虽然目标企业在承诺期内实现了业绩承诺，但承诺期一过业绩立马"变脸"，上市公司还是会遭受包括商誉减值在内的巨额损失。不可否认的是，虽然并购活动面临长期的不确定性，但在多数情况下我国资本市场上的并购能够起到在短期内吸引投资者关注并拉升股价的作用。不过，如果为了获取短期的利益而以牺牲长期利益为代价，这样的并购无疑属于非理性并购，对于企业长期价值造成极大伤害。因此，本书建议投资者从长期发展战略的角度出发来评估上市公司的并购项目，注意甄别企业并购行为的真实意图和内在价值。

第三节　研究不足及展望

本书在我国资本市场背景下，从声誉视角出发，分析了违规处罚对于企业并购的影响，反映了企业实施并购的声誉修复作用，并从利益相关者视角对此作用机制进行检验。本书的研究存在一些不足之处，期待在以后的研究中加以完善。

第一，本书从并购的角度研究违规企业的声誉修复行为，而没有将其他类型的声誉修复行为纳入研究框架中。已有文献发现，当负面事件造成企业的声誉损失时，企业会通过多种方式修复声誉，包括变更高管（Chakravarthy et al.，2014；Faber，2005）、改善公司治理（Marciukaityte et al.，2006）、增加慈善捐赠（李晓玲等，2017；Xia et al.，2019）、自愿发布社会责任报告（车笑竹和苏勇，2018）及企业更名（谢红军等，2017）等，这些内容构成了企业声誉修复相关研究的理论分析框架。本书的研究虽然在该框架下，较为深入地分析与思考了并购活动的声誉修复动机及效果，然而，本书可能遗漏的问题是：首先，企业并购与其他类型的声誉修复方式之间有何种关系，具有互补性还是替代性，或是其他的关系，这些内容在研究中未有涉及；其次，违规企业在修复声誉行为方面具有多种方案，包括内部改善和外部形象塑造，在这样的情况下，企业如何在并购和其他类型的声誉修复方式之间进行排序和选择，本书在该方面也有遗漏。因此，本书研究局限性体现在尚未对已有研究进行合理的整合与统一。在今后的研究中，可以在我国特殊的制度背景下，分析违规上市公司在声誉修复方式方面的偏好，及其与发达市场企业的行为差异，为违规的经济后果研究增添新的证据。

第二，本书未能深入研究以声誉修复为目的发起的并购在交易标的选择和交易过程中的特殊性。在违规处罚造成声誉损失的情境下，研究发现，企业会通过发起并购的方式修复声誉，这样的行为能够有效地挽回利益相关者的信任关系，并且在改善企业绩效方面也具有一定的作用。但是，从并购研究的角度，并购是具有复杂性和不确定性的投资活动，涉及主并企业、目标企业等多个交易主体，并且需要这些交易主体就交易对价、交易支付方式、并购比例等问题进行多次协商，最后才能确定是否达成交易。从这个角度来看，在违规处罚的情境下，企业作为主并方发起并购可能在目标企业选择方面具有不同的特征，或许会针对其违规的具体原因选择不同的目标企业，本书由于数据受限的原因未能针对这个问题进行深入的挖掘。另外，企业由于监管处罚产生声誉损失，是否在与目标方进行谈判协商、并购估值及后续接管和整合等方面处于不利地位，以及上述情况是否会对于并购绩效和声誉修复效果产生影响，这些问题也没有在本书的研究范围之内。在进一步研究中，可以深入挖掘以声誉修复为目的发起的并购交易与一般的并购交易相比在交易目标方选择及其他交易特征方面的差异，通过案例研究的方式有针对性地进行分析或许也是较好的选择。

第三，本书的研究可能仍然受到内生性问题的局限。一直以来，内生性问题都是困扰会计学研究的重要问题。从研究结果可以发现，违规处罚与企业并购之间呈现显著的正相关关系，但是这样的正相关关系可能并不仅仅是由于违规企业更倾向于发起并购，也有可能是发起并购较多的企业更容易违规，又或许是由于采取激进策略的企业会同时喜欢通过发起并购的方式快速扩张和更容易违规，这些情况存在的可能性都会导致出现逆向因果和样本选择等造成的内生性问题。虽然本书针对以上问题采取了以下一系列处理措施：首先，在违规变量的选择上，选取上一年违规的企业作为本文的违规企业样本，并考察其是否发起并购，以厘清违规处罚和并购的先后关系；其次，采取倾向得分匹配法和双重差分法相结合的方法，尽可能地处理样本选择问题。但是以上方式处理的效果如何并无绝对把握，如某些企业在本书的样本期间存在多次违规处罚的情况，可能出现违规处罚与并购交替发生，使问题更为复杂，但是如果仅保留样本期间一次违规的样本，又会造成大量的样本损失，难以描述和涵盖我国上市公司的整体状况。另外，使用倾向得分匹配法处理样本选择问题也可能存在一些缺陷，主要问题是在进行得分匹配时，可能难以涵盖所有对于组间差异产生影响的关键因素，因此，遗漏某些相关变量的问题也可能影响匹配效果。对于内生性问题的缓解，期望通过计量方式和技术的不断进步，以及学者对违规经济后果认识的不断深入等方式得以更好地解决。

违规处罚

对企业并购的影响研究

参 考 文 献

一、中文部分

[1] 步丹璐、狄灵瑜：《治理环境、股权投资与政府补助》，载《金融研究》2017 年第 10 期。

[2] 蔡卫星、赵峰、曾诚：《政治关系、地区经济增长与企业投资行为》，载《金融研究》2011 年第 4 期。

[3] 曹春方、陈露兰、张婷婷：《"法律的名义"：司法独立性提升与公司违规》，载《金融研究》2017 第 5 期。

[4] 晁罡、石杜丽、申传泉、王磊：《新媒体时代企业社会责任对声誉修复的影响研究》，载《管理学报》2015 年第 11 期。

[5] 车笑竹、苏勇：《企业违规对社会责任报告及其价值效应的影响》，载《经济管理》2018 第 10 期。

[6] 陈冬华、蒋德权、梁上坤：《监管者变更与执法精度》，载《中国会计与财务研究》2012 年。

[7] 陈国进、林辉、王磊：《公司治理、声誉机制和上市公司违法违规行为分析》，载《南开管理评论》2005 年第 6 期。

[8] 陈红、陈玉秀、杨燕雯：《表外负债与会计信息质量、商业信用》，载《南开管理评论》2014 年第 1 期。

[9] 陈仕华、姜广省、卢昌崇：《董事联结、目标公司选择与并购绩效——基于并购双方之间信息不对称的研究视角》，载《管理世界》2013 年第 12 期。

[10] 陈仕华、卢昌崇、姜广省、王雅茹：《国企高管政治晋升对企业并购行为的影响——基于企业成长压力理论的实证研究》，载《管理世界》2015 年第 9 期。

［11］陈信元、李莫愁、芮萌、夏立军：《司法独立性与投资者保护法律实施——最高人民法院"1/15 通知"的市场反应》，载《经济学》2010 年第 1 期。

［12］陈英梅、邓同钰、张彩虹：《企业信息披露、外部市场环境与商业信用》，载《会计与经济研究》2014 年第 6 期。

［13］陈运森、邓祎璐、李哲：《非处罚性监管具有信息含量吗？——基于问询函的证据》，载《金融研究》2018 年第 4 期。

［14］陈运森、邓祎璐、李哲：《证券交易所一线监管的有效性研究：基于财务报告问询函的证据》，载《管理世界》2019 年第 3 期。

［15］陈运森、王汝花：《产品市场竞争、公司违规与商业信用》，载《会计与经济研究》2014 年第 5 期。

［16］陈泽艺、李常青、魏志华：《媒体负面报道影响并购成败吗——来自上市公司重大资产重组的经验证据》，载《南开管理评论》2017 年第 1 期。

［17］程小伟、吴家舵：《上市公司横向并购及其实证研究》，载《上海经济研究》2007 年第 7 期。

［18］程仲鸣、夏新平、余明桂：《政府干预、金字塔结构与地方国有上市公司投资》，载《管理世界》2008 年第 9 期。

［19］醋卫华：《公司丑闻、声誉机制与高管变更》，载《经济管理》2011 年第 1 期。

［20］戴亦一、余威、宁博、潘越：《民营企业董事长的党员身份与公司财务违规》，载《会计研究》2017 年第 6 期。

［21］邓可斌、曾海舰：《中国企业的融资约束：特征现象与成因检验》，载《经济研究》2014 年第 2 期。

［22］方红星、楚有为：《公司战略与商业信用融资》，载《南开管理评论》2019 年第 5 期。

［23］方颖、郭俊杰：《中国环境信息披露政策是否有效：基于资本市场反应的研究》，载《经济研究》2018 年第 10 期。

［24］方正、江明华、杨洋、李蔚：《产品伤害危机应对策略对品牌资

产的影响研究——企业声誉与危机类型的调节作用》，载《管理世界》2010 年第 12 期。

[25] 冯根福、吴林江：《我国上市公司并购绩效的实证研究》，载《经济研究》2001 年第 1 期。

[26] 冯旭南、陈工孟：《什么样的上市公司更容易出现信息披露违规——来自中国的证据和启示》，载《财贸经济》2011 年第 8 期。

[27] 冯延超、梁莱歆：《上市公司法律风险、审计收费及非标准审计意见——来自中国上市公司的经验证据》，载《审计研究》2010 年第 3 期。

[28] 傅强、方文俊：《管理者过度自信与并购决策的实证研究》，载《商业经济与管理》2008 年第 4 期。

[29] 葛结根：《并购对目标上市公司融资约束的缓解效应》，载《会计研究》2017 年第 8 期。

[30] 顾小龙、辛宇、滕飞：《违规监管具有治理效应吗——兼论股价同步性指标的两重性》，载《南开管理评论》2016 年第 5 期。

[31] 顾小龙、张霖琳、许金花：《证券监管处罚、公司印象管理与 CEO 过度投资》，载《经济管理》2017 年第 2 期。

[32] 郭峰、熊瑞祥：《地方金融机构与地区经济增长——来自城商行设立的准自然实验》，载《经济学（季刊）》2018 年第 17 卷第 1 期。

[33] 韩燕、崔鑫、郭艳：《中国上市公司股票投资的动机研究》，载《管理科学》2015 年第 4 期。

[34] 胡奕明、周智辉、郑德成：《证券市场违规主体及其行为分析》，载《审计研究》2002 年第 3 期。

[35] 胡元木、纪端：《董事技术专长、创新效率与企业绩效》，载《南开管理评论》，2017 年第 20 卷第 3 期。

[36] 黄灿、李善民：《股东关系网络、信息优势与企业绩效》，载《南开管理评论》2019 年第 22 卷第 2 期。

[37] 金宇超、靳庆鲁、宣扬：《"不作为"或"急于表现"：企业投资中的政治动机》，载《经济研究》2016 年第 10 期。

[38] 瞿旭、杨丹、瞿彦卿、苏斌：《创始人保护、替罪羊与连坐效

应——基于会计违规背景下的高管变更研究》，载《管理世界》2012 年第 5 期。

［39］柯艳蓉、李玉敏、吴晓晖：《控股股东股权质押与企业投资行为——基于金融投资和实业投资的视角》，载《财贸经济》2019 年第 4 期。

［40］莱斯利·盖恩斯－罗斯：《公司声誉危机、维护与修复的 12 步骤》，上海交通大学出版社 2009 年版。

［41］赖黎、巩亚林、夏晓兰、马永强：《管理者从军经历与企业并购》，载《世界经济》2017 年第 12 期。

［42］雷光勇：《审计合谋与财务报告舞弊：共生与治理》，载《管理世界》2004 年第 2 期。

［43］李彬、潘爱玲：《会计师事务所特征与公司并购绩效反应——来自中国上市公司的经验证据》，载《审计与经济研究》2016 年第 1 期。

［44］李青原、田晨阳、唐建新、陈晓：《公司横向并购动机：效率理论还是市场势力理论——来自汇源果汁与可口可乐的案例研究》，载《会计研究》2011 年第 5 期。

［45］李善民、朱滔：《中国上市公司并购的长期绩效——基于证券市场的研究》，载《中山大学学报（社会科学版）》2005 年第 5 期。

［46］李善民、陈玉罡：《上市公司兼并与收购的财富效应》，载《经济研究》2002 年第 11 期。

［47］李善民、黄灿、史欣向：《信息优势对企业并购的影响——基于社会网络的视角》，载《中国工业经济》2015 年第 11 期。

［48］李善民、曾昭灶、王彩萍、朱滔、陈玉罡：《上市公司并购绩效及其影响因素研究》，载《世界经济》2004 年第 9 期。

［49］李姝、赵颖、童婧：《社会责任报告降低了企业权益资本成本吗？——来自中国资本市场的经验证据》，载《会计研究》2013 年第 9 期。

［50］李维安、李晓琳、张耀伟：《董事会社会独立性与 CEO 变更——基于违规上市公司的研究》，载《管理科学》2017 年第 2 期。

［51］李晓玲、侯啸天、葛长付：《慈善捐赠是真善还是伪善：基于企业违规的视角》，载《上海财经大学学报》2017 年第 4 期。

［52］连玉君、彭方平、苏治：《融资约束与流动性管理行为》，载《金融研究》2010 年第 10 期。

［53］刘白璐、吕长江：《基于长期价值导向的并购行为研究——以我国家族企业为证据》，载《会计研究》2018 年第 6 期。

［54］刘欢、邓路、廖明情：《公司的市场地位会影响商业信用规模吗?》，载《系统工程理论与实践》2015 年第 12 期。

［55］刘健、刘春林：《不确定性下关联股东网络的并购经验与并购绩效研究》，载《南开管理评论》2016 年第 3 期。

［56］刘向强、李沁洋：《会计师事务所声誉与并购业绩补偿承诺》，载《审计研究》2019 年第 6 期。

［57］刘星、陈西婵：《证监会处罚、分析师跟踪与公司银行债务融资——来自信息披露违规的经验证据》，载《会计研究》2018 年第 1 期。

［58］刘行、李小荣：《政府分权与企业舞弊：国有上市公司的经验证据》，载《会计研究》2016 年第 4 期。

［59］刘运国、刘雯：《我国上市公司的高管任期与 R&D 支出》，载《管理世界》2007 年第 1 期。

［60］陆蓉、常维：《近墨者黑：上市公司违规行为的"同群效应"》，载《金融研究》2018 年第 8 期。

［61］陆瑶、胡江燕：《CEO 与董事间"老乡"关系对公司违规行为的影响研究》，载《南开管理评论》2016 年第 2 期。

［62］陆瑶、朱玉杰、胡晓元：《机构投资者持股与上市公司违规行为的实证研究》，载《南开管理评论》2012 年第 1 期。

［63］逯东、谢璇、杨丹：《独立董事官员背景类型与上市公司违规研究》，载《会计研究》2017 年第 8 期。

［64］毛新述、叶康涛、张頔：《上市公司权益资本成本的测度与评价——基于我国证券市场的经验检验》，载《会计研究》2012 年第 11 期。

［65］孟庆斌、李昕宇、蔡欣园：《公司战略影响公司违规行为吗》，载《南开管理评论》2018 年第 3 期。

［66］孟庆斌、邹洋、侯德帅：《卖空机制能抑制上市公司违规吗?》，

载《经济研究》2019 年第 6 期。

[67] 倪娟、彭凯、胡熠:《连锁董事的"社会人"角色与企业债务成本》,载《中国软科学》2019 年第 2 期。

[68] 齐寅峰、王曼舒、黄福广、李莉、李翔、李胜楠、何青、古志辉、向冠春:《中国企业投融资行为研究——基于问卷调查结果的分析》,载《管理世界》2005 年第 3 期。

[69] 权小锋、肖斌卿、尹洪英:《投资者关系管理能够抑制企业违规风险吗?——基于 A 股上市公司投资者关系管理的综合调查》,载《财经研究》2016 年第 5 期。

[70] 任曙明、许梦洁、王倩、董维刚:《并购与企业研发:对中国制造业上市公司的研究》,载《中国工业经济》2017 年第 7 期。

[71] 宋贺、段军山:《财务顾问与企业并购绩效》,载《中国工业经济》2019 年第 5 期。

[72] 宋云玲、李志文、纪新伟:《从业绩预告违规看中国证券监管的处罚效果》,载《金融研究》2011 年第 6 期。

[73] 滕飞、辛宇、顾小龙:《产品市场竞争与上市公司违规》,载《会计研究》2016 年第 9 期。

[74] 田高良、韩洁、李留闯:《连锁董事与并购绩效——来自中国 A 股上市公司的经验证据》,载《南开管理评论》2013 年第 6 期。

[75] 汪峰、魏玖长、赵定涛:《综合危机应对模式构建与组织声誉修复——基于两个案例的研究》,载《公共管理学报》2013 年第 3 期。

[76] 汪辉:《上市公司债务融资、公司治理与市场价值》,载《经济研究》2003 年第 8 期。

[77] 汪炜、陆帅:《行业冲击、政府控制与企业并购行为》,载《财贸经济》2015 年第 8 期。

[78] 王化成、王欣、高升好:《控股股东股权质押会增加企业权益资本成本吗——基于中国上市公司的经验证据》,载《经济理论与经济管理》2019 年第 11 期。

[79] 王文甫、明娟、岳超云:《企业规模、地方政府干预与产能过

剩》，载《管理世界》2014 年第 10 期。

[80] 王雅茹、刘淑莲：《企业声誉与并购溢价决策——基于业绩期望差距的调节效应》，载《北京工商大学学报（社会科学版）》2020 年第 1 期。

[81] 王彦超：《融资约束、现金持有与过度投资》，载《金融研究》2009 年第 7 期。

[82] 王砚羽、谢伟、乔元波、李习保：《隐形的手：政治基因对企业并购控制倾向的影响——基于中国上市公司数据的实证分析》，载《管理世界》2014 年第 8 期。

[83] 王艳、李善民：《社会信任是否会提升企业并购绩效?》，载《管理世界》2017 年第 12 期。

[84] 王逸、张金鑫、于江：《并购能否带来资本结构的优化? ——来自中国上市公司的经验证据》，载《证券市场导报》2015 年第 4 期。

[85] 魏志华、朱彩云：《超额商誉是否成为企业经营负担——基于产品市场竞争能力视角的解释》，载《中国工业经济》2019 年第 11 期。

[86] 吴超鹏、吴世农、程静雅、王璐：《风险投资对上市公司投融资行为影响的实证研究》，载《经济研究》2012 年第 1 期。

[87] 吴永明、袁春生：《法律治理、投资者保护与财务舞弊：一项基于上市公司的经验证据》，载《中国工业经济》2007 年第 3 期。

[88] 谢红军、蒋殿春、包群：《官司、声誉与上市企业更名》，载《经济研究》2017 年第 1 期。

[89] 谢亚涛：《企业并购的绩效分析》，载《会计研究》2003 年第 12 期。

[90] 辛清泉、黄曼丽、易浩然：《上市公司虚假陈述与独立董事监管处罚——基于独立董事个体视角的分析》，载《管理世界》2013 年第 5 期。

[91] 辛清泉、周静、胡方：《上市公司虚假陈述的产品市场后果》，载《会计研究》2019 年第 3 期。

[92] 徐虹、林钟高、芮晨：《产品市场竞争、资产专用性与上市公司横向并购》，载《南开管理评论》2015 年第 3 期。

[93] 徐宪平、鞠雪楠：《互联网时代的危机管理：演变趋势、模型构

建与基本规则》，载《管理世界》2019 年第 12 期。

[94] 杨清香、俞麟、陈娜：《董事会特征与财务舞弊——来自中国上市公司的经验证据》，载《会计研究》2009 年第 7 期。

[95] 杨晓嘉、陈收：《中国上市公司并购动机研究》，载《湖南大学学报（社会科学版)》2005 年第 1 期。

[96] 杨忠莲、谢香兵：《我国上市公司财务报告舞弊的经济后果——来自证监会与财政部处罚公告的市场反应》，载《审计研究》2008 年第 1 期。

[97] 叶康涛、张然、徐浩萍：《声誉、制度环境与债务融资——基于中国民营上市公司的证据》，载《金融研究》2010 年第 8 期。

[98] 于鹏：《股权结构与财务重述：来自上市公司的证据》，载《经济研究》2007 年第 9 期。

[99] 曾庆生、陈信元：《国家控股、超额雇员与劳动力成本》，载《经济研究》2006 年第 5 期。

[100] 翟进步：《并购双重定价安排、声誉约束与利益输送》，载《管理评论》2018 年第 6 期。

[101] 张弛、余鹏翼：《并购类型会影响中国企业技术并购绩效吗——对横向、纵向和混合并购的比较研究》，载《科技进步与对策》2017 年第 7 期。

[102] 张芳芳、刘淑莲：《现金持有、并购决策与并购绩效》，载《山西财经大学学报》2015 年第 4 期。

[103] 张龙文、魏明海：《公司并购与分析师评级乐观性——基于声誉和利益关联的实证研究》，载《经济管理》2019 年第 3 期。

[104] 张然、王会娟、许超：《披露内部控制自我评价与鉴证报告会降低资本成本吗？——来自中国 A 股上市公司的经验证据》，载《审计研究》2012 年第 1 期。

[105] 张雯、张胜、李百兴：《政治关联、企业并购特征与并购绩效》，载《南开管理评论》2013 年第 2 期。

[106] 张学勇、张秋月：《券商声誉损失与公司 IPO 市场表现——来

自中国上市公司 IPO 造假的新证据》，载《金融研究》2018 年第 10 期。

[107] 张翼、马光：《法律、公司治理与公司丑闻》，载《管理世界》2005 年第 10 期。

[108] 张宗新、季雷：《公司购并利益相关者的利益均衡吗？——基于公司购并动因的风险溢价套利分析》，载《经济研究》2003 年第 6 期。

[109] 章新蓉、唐敏：《不同动机导向下的公司并购行为及其绩效研究》，载《经济问题》2010 年第 9 期。

[110] 赵晶、王明：《利益相关者、非正式参与和公司治理——基于雷士照明的案例研究》，载《管理世界》2016 年第 4 期。

[111] 赵妍、赵立彬：《晋升激励影响并购价值创造吗？——来自国有控股企业的经验证据》，载《经济经纬》2018 年第 2 期。

[112] 赵艳秉、张龙平：《审计质量度量方法的比较与选择——基于我国 A 股市场的实证检验》，载《经济管理》2017 年第 5 期。

[113] 郑志刚、丁冬、汪昌云：《媒体的负面报道、经理人声誉与企业业绩改善——来自我国上市公司的证据》，载《金融研究》2011 年第 12 期。

[114] 钟子英、邓可斌：《顺水巧推舟：顶级财务顾问专业能力的并购市场证据》，载《管理评论》2019 年第 5 期。

[115] 周绍妮、文海涛：《基于产业演进、并购动机的并购绩效评价体系研究》，载《会计研究》2013 年第 10 期。

[116] 朱春艳、伍利娜：《上市公司违规问题的审计后果研究——基于证券监管部门处罚公告的分析》，载《审计研究》2009 年第 4 期。

二、英文部分

[1] Agrawal A, Jaffe J F, Karpoff J M. Management Turnover and Corporate Governance Changes following the Revelation of Fraud [J]. *Journal of Law and Economics*, 1999, 42 (1): 309 – 342.

[2] Agrawal A, Jaffe J F. The Post Merger Performance Puzzle [J]. *Advances in Mergers & Acquisitions*, 2001 (1): 7 – 41.

[3] Allen M W, Caillouet R H. Legitimation Endeavors: Impression Management Strategies Used by an Organization in Crisis [J]. *Communication Mon-*

参考文献

ographs, 1994, 61 (1): 44 –62.

[4] Amiram D, Bozanic Z, Cox J D, Dupont Q, Karpoff J M, Sloan. Financial Reporting Fraud and Other Forms of Misconduct: a Multidisciplinary Review of the Literature [J]. *Review of Accounting Studies*, 2018, 23 (2): 732 – 783.

[5] Amit R, Schoemaker P J H. Strategic Assets and Organizational Rent [J]. *Strategic Management Journal*, 1993, 23 (2): 33 –46.

[6] Armour J, Mayer C, Polo A. Regulatory Sanctions and Reputational Damage in Financial Markets [J]. *Journal of Financial and Quantitative Analysis*, 2017, 52 (4): 1429 – 1448.

[7] Arrow K. Vertical Integration and Communication [J]. *The Bell Journal of Economies*, 1975 (6): 173 – 183.

[8] Autore D, Hottom I, Peterson D, Smith A H. The Effects of Securities Litigation on Extranal Financing [J]. *Journal of Corporate Finance*, 2014 (27): 231 – 250.

[9] Barnett M L, Pollock T G. *The Oxford Handbook of Corporate Reputation.* Oxford: Oxford University Press, April 2012.

[10] Barney J B. Firm Resource and Sustained Competitive Advantage [J]. *Journal of Management*, 1991, 17 (1): 99 – 120.

[11] Barney J B. *Gaining and Sustaining Competitive Advantage.* New York: Pearson Education, April 2002.

[12] Basdeo D K, Smith K G, Grimm C M, Rindova V P, Derfus P. The Impact of Market Actions on Firm Reputation [J]. *Strategic Management Journal*, 2006, 27 (12): 1205 – 1219.

[13] Beasley M S, Carcello J V, Hermanson D R. Fraudulent Financial Reporting 1987 – 1997: Trends in US Public Companies [J]. *Directorship*, 1999, 25 (4): 14.

[14] Beck T, Levine R, Levkov A. Big Bad Banks? The Winners and Losers from Bank Deregulation in the United States [J]. *The Journal of Finance*,

违规处罚

对企业并购的影响研究

2010, 65 (5): 1637 – 1667.

[15] Benjamin B A, Podolny J M, Status, Quality and Social Order in the California Wine Industry [J]. *Administrative Science Quarterly*, 1999, 44 (3): 563 – 589.

[16] Benoit W L. Accounts, Excuses, and Apologies: A Theory of Image Restoration Strategies. Albany: State University of New York Press, 1995.

[17] Bens D A, Goodman T H, Neamtiu M. Does Investment – Related Pressure Lead to Misreporting? An Analysis of Reporting Following M&A Transactions [J]. *The Accounting Review*, 2012, 87 (3): 839 – 865.

[18] Berger A N, Saunders A, Scalise J M, Udell G F. The Effects of Bank Mergers and Acquisitions on Small Business Lending [J]. *Journal of Financial Economics*, 1998, 50 (2): 187 – 229.

[19] Bhattacharyya S, Nain A. Horizontal acquisitions and buying power: A product market analysis [J]. *Journal of Financial Economics*, 2011, 99 (1): 97 – 115.

[20] Boone A L, Mulherin J H. How are Firms Sold? [J]. *Journal of Finance*, 2007, 62 (2): 847 – 875.

[21] Boone A, Uysal V B. Reputational Concerns in the Market for Corporate Control [J]. *Journal of Corporate Finance*, April 2018.

[22] Bowen R M, DuCharme L, Shores D. Stakeholders' Implicit Claims and Accounting Method Choice [J]. *Journal of Accounting and Economics*, 1995, 20 (3): 255 – 295.

[23] Burns N, Kedia S. The Impact of Performance – based Compensation on Misreporting [J]. *Journal of Financial Economics*, 2006, 79 (1): 35 – 67.

[24] Campbell J L. Why Would Corporations Behave in Socially Responsible Ways? An Institutional Theory of Corporate Social Responsibility [J]. *Academy of Management Review*, 2007, 32 (3): 946 – 967.

[25] Cao X, Lemmon M, Pan X, Qian M, Tiane G. Political Promotion, CEO Incentives, and The Relationship between Pay and Performance [J]. *Man-

agement Science, 2019, 65 (7): 2947 – 2965.

[26] Capron L, Dussauge P, Mitchell W. Resource Redeployment follow-ing Horizontal Acquisitions in Europe and North America, 1988 – 1992 [J]. *Strategic Management Journal*, 1998, 19 (7): 631 – 661.

[27] Carow K, Heron R, Saxton T. Do Early Birds Get The Returns? An Empirical Investigation of Early – Mover Advantages in Acquisitions [J]. *Strategic Management Journal*, 2004, 25 (6): 563 – 585.

[28] Chakravarthy J, DeHaan E, Rajgopal S. Reputation Repair after a Serious Restatement [J]. *The Accounting Review*, 2014, 89 (4): 1329 – 1363.

[29] Chalençon L, Colovic A, Lamotte O, Mayrhofer U. Reputation, E – Reputation, and Value-Creation of Mergers and Acquisitions [J]. *International Studies of Management & Organization*, 2017, 47 (1): 4 – 22.

[30] Chava S, Cheng C S A, Huang H H, Lobo G J. Implications of Se-curities Class Actions for Cost of Equity Capital [J]. *International Journal of Law and Management*, 2010, 52 (2): 144 – 161.

[31] Chava S, Huang K, Johnson S A. The Dynamics of Borrower Reputa-tion following Financial Misreporting [J]. *Management Science*, 2018, 16 (10): 4775 – 4797.

[32] Chen G M, Firth M, Gao D N, Rui O M. Is China's Securities Regu-latory Agency a Toothless Tiger? Evidence from Enforcement Actions [J]. *Journal of Accounting and Public Policy*. 2005, 24 (6): 451 – 488.

[33] Chen G M, Michael Firth, Daniel N, Gao, Oliver M. , Rui, Owner-ship Structure, Corporate Governance and Fraud: Evidence from China [J]. *Journal of Corporate Finance*, 2006, 12 (3): 424 – 448.

[34] Chen J, Cumming D, Hou W, Lee E. Does the External Monitoring Effect of Financial Analysts Deter Corporate Fraud in China? [J]. *Journal of Business Ethics*, 2016, 134 (4): 727 – 742.

[35] Chen X, Cheng Q, Lo A K. Accounting Restatements and External

Financing Choices [J]. *Contemporary Accounting Research*, 2013, 30 (2): 750 – 779.

[36] Chen Y S, Zhu S, Wang Y T. Corporate Fraud and Bank Loans: Evidence from China [J]. *China Journal of Accounting Research*, 2011, 4 (3): 155 – 165.

[37] Claeys A, Cauberghe V, Vyncke P. Restoring Reputations in Times of Crisis: An Experimental Study of the Situational Crisis Communication Theory and the Moderating Effects of Locus of Control [J]. *Public Relations Review*, 2010, 36 (3): 256 – 262.

[38] Clinard M B, Yeager P C, Clinard R B. Corporate Crime. New Jersey: Transaction Publishers, 2006.

[39] Coombs W T. Choosing the Right Words: The Development of Guidelines for the Selection of the "Appropriate" Crisis – Response Strategies [J]. Management Communication Quarterly, 1995, 8 (4): 447 – 476.

[40] Coombs W T. Protecting Organization Reputations during a Crisis: The Development and Application of Situational Crisis Communication Theory [J]. Corporate Reputation Review, 2007, 10 (3): 163 – 176.

[41] Cornaggia J, Mao Y F, Tian X, Wolfe B. Does Banking Competition Affect Innovation? [J]. Journal of Financial Economics, 2015, 115 (1): 189 – 209.

[42] Corona C, Randhawa R S. The Value of Confession: Admitting Mistakes to Build Reputation [J]. The Accounting Review, 2018, 93 (3): 133 – 161.

[43] Darby M R, Karni E. Free Competition and the Optimal Amount of Fraud [J]. Journal of Law and Economics, 1973, 16 (1): 67 – 88.

[44] Deng X, Kang J, Low B S. Corporate Social Responsibility and Stakeholder Value Maximization: Evidence from Mergers [J]. Journal of Financial Economics, 2013, 110 (1): 87 – 109.

[45] Devine I, and Halpern P. Implicit Claims: The Role of Corporate

参
考
文
献

Reputation in Value Creation [J]. Corporate Reputation Review, 2001, 4 (1):
42 – 49.

[46] Di Giuli A. The Effect of Stock Misvaluation and Investment Opportunities on The Method of Payment in Mergers [J]. Journal of Corporate Finance, 2013, 21 (1): 196 – 215.

[47] DiMaggio P J, Powell W W. The Iron Cage Revisited: Institutional Isomorphism and Collective Rationality in Organizational Fields [J]. American Sociological Review, 1983 (48): 147 – 160.

[48] Dimo D, Shepherd D A, Sutcliffe K M. Requisite Expertise, Firm Reputation, and Status in Venture Capital Investment Allocation Decisions [J]. Journal of Business Venturing, 2007, 22 (4): 481 – 502.

[49] Dollinger M J, Golden P A, Saxton T. The Effect of Reputation on the Decision to Joint Venture [J]. Strategic Management Journal, 1997, 18 (2): 127 – 140.

[50] Doukas J A, Petmezas D. Acquisitions, Overconfident Managers and Self-attribution Bias [J]. European Financial Management, 2007, 13 (3): 531 – 577.

[51] Dyck A, Zingales L. Who Blows the Whistle on Corporate Fraud? [J]. The Journal of Finance, 2010, 65 (6): 2213 – 2253.

[52] Easton P. PE Ratios, PEG Ratios, and Estimating the Implied Expected Rate of Return on Equity Capital [J]. Accounting Review, 2004, 79 (1): 73 – 96.

[53] Elsbach K D. Organizational Perception Management [J]. Research in Organizational Behavior, 2003, 25 (1): 297 – 332.

[54] Fabbri D, Menichini A. Trade Credit, Collateral Liquidation, and Borrowing Constraints [J]. Journal of Financial Economics, 2010, 96 (3): 413 – 432.

[55] Fama E F, Fisher L, Jensen M C, Roll R. The Adjustment of Stock Prices to New Information [J]. International Economic Review, 1969 (10):

1 - 21.

[56] Farber D B. Restoring Trust after Fraud: Does Corporate Governance Matter? [J]. The Accounting Review, 2005, 80 (2): 539 - 561.

[57] Firth M, Rui O, Wu W. Cooking the Books: Recipes and Costs of Falsified Financial Statements in China [J]. Journal of Corporate Finance, 2011, 17 (2): 371 - 390.

[58] Fombrun C J. Reputation: Realizing Value from the Corporate Image. Boston: Harvard Business School Press, 1996.

[59] Fombrun C, Shanley M. What's in a Name? Reputation Building and Corporate Strategy [J]. The Academy of Management Journal, 1990, 33 (2): 233 - 258.

[60] Freeman R E. Strategic Management: A Stakeholder Approach. Pitman Publishing, 1984.

[61] Gerety M, Lehn K. The Causes and Consequences of Accounting Fraud, Managerial and Decision Economics, 1997, 18 (7 - 8): 587 - 599.

[62] Ghosh A, Ruland W. Managerial Ownership, the Method of Payment for Acquisitions, and Executive Job Retention [J]. The Journal of Finance, 1998, 53 (2): 785 - 798.

[63] Gillespie N, Dietz G. Trust Repair after an Organization - Level Failure [J]. Academy of Management Review, 2009, 34 (1): 127 - 145.

[64] Gillespie N, Graham D, Lockey S. Organizational Reintegration and Trust Repair after an Integrity Violation: A Case Study. Business Ethics Quarterly, 2014, 24 (3): 371 - 410.

[65] Godfrey P C, Merrill C B, Hansen J M. The Relationship between Corporate Social Responsibility and Shareholder Value: An Empirical Test of the Risk Management Hypothesis [J]. Strategic Management Journal, 2009, 30 (4): 425 - 445.

[66] Graham J, Li S, Qiu J. Corporate Misreporting and Bank Loan Contracting [J]. Journal of Financial Economics, 2008 (89): 44 - 61.

参
考
文
献

[67] Greif A. Reputation and Coalitions in Medieval Trade: Evidence on the Maghribi Traders [J]. Journal of Economic History, 1989, 49 (4): 857 – 882.

[68] Haddow G, Jane B, Damon P C. Introduction to Emergency Management. Oxford: Butterworth – Heinemann, 2013.

[69] Haleblian J J, Pfarrer M D, Kiley J T. High – Reputation Firms and Their Differential Acquisition Behaviors [J]. Strategic Management Journal, 2017, 38 (11): 2237 – 2254.

[70] Haleblian J, Devers C E, McNamara G, Carpenter M A, Davison R B. Taking Stock of What We Know About Mergers and Acquisitions: A Review and Research Agenda [J]. Journal of Management, 2009, 35 (3): 469 – 502.

[71] Haleblian J, Kim J, Rajagopalan N. The Influence of Acquisition Experience and Performance on Acquisition Behavior: Evidence from the U. S. Commercial Banking Industry. Academy of Management Journal, 2006 (49): 357 – 370.

[72] Haspeslagh P C. Managing Acquisitions: Creating Value through Corporate Renewal. New York: Free Press, 1991.

[73] Hass L H, Tarsalewska M, Zhan F. Equity Incentives and Corporate Fraud in China [J]. Journal of Business Ethics, 2016, 138 (4): 1 – 20.

[74] Haucap J, Rasch A, Stiebale J. How Merger Affect Innovation: Theory and Evidence [J]. International Journal of Industrial Organization, 2019 (63): 283 – 325.

[75] Heron R, Lie E. Operating Performance and the Method of Payment in Takeovers [J]. Journal of Financial and Quantitative Analysis, 2002 (37): 137 – 155.

[76] Houston J F, James C M, Ryngaert M D. Where do Merger Gains Come from? Bank Mergers from the Perspective of Insiders and Outsiders [J]. Journal of Financial Economics, 2001, 60 (2 – 3): 285.

[77] Hribar P, Jenkins N T, Meng Q, Li X, Chan K C, Liao L, Chen G,

违规处罚

对企业并购的影响研究

Zheng D, Hegde S, Zhou T. The Effect of Accounting Restatements on Earnings Revisions and the Estimated Cost of Capital [J]. Review of Accounting Studies, 2004, 9 (2 - 3): 337 - 356.

[78] Hubbard R G, Palia D. A Reexamination of the Conglomerate Merger Wave in the 1960s: An Internal Capital Markets View [J]. The Journal of Finance, 1999, 54 (3): 1131 - 1152.

[79] Jarrell G, Peltzman S. The Impact of Product Recalls on the Wealth of Sellers [J]. Journal of Political Economy, 1985, 93 (3): 512 - 536.

[80] Jensen M C, Ruback R S. The Market for Corporate Control: The Scientific Evidence [J]. Journal of Financial Economics, 1983, 11 (1 - 4): 5 - 50.

[81] Jensen M C, Meckling W H. Theory of the Firm: Managerial Behavior, Agency Cost and Ownership Structure [J]. Journal of Financial Economics, 1976, 3 (4): 305 - 360.

[82] Jin Y, Pang A, Cameron G T. Toward a Publics - Driven, Emotion-Based Conceptualization in Crisis Communication: Unearthing Dominant Emotions in Multi - Staged Testing of the Integrated Crisis Mapping (ICM) Model [J]. Journal of Public Relations Research, 2012, 24 (3): 266 - 298.

[83] Johnson W C, Xie W J, Yi S H. Corporate Fraud and the Value of Reputations in the Product Market [J]. Journal of Corporate Finance, 2014 (25): 16 - 39.

[84] Jones T M. Instrumental Stakeholder Theory: A Synthesis of Ethics and Economics [J]. The Academy of Management Review, 1995, 20 (2): 404 - 437.

[85] Karim S, Mitchell W. Path - Dependent and Path-Breaking Change: Reconfiguring Business Resources Following Acquisitions in the U. S. Medical Sector, 1978 - 1995 [J]. Strategic Management Journal, 2000, 21 (10 - 11): 1061 - 1081.

[86] Karpoff J M, Lee D S, Martin G S. The Cost to Firms of Cooking

the Books [J]. Journal of Financial and Quantitative Analysis, 2008, 43 (3): 581 – 611.

[87] Karpoff J M, Koester A, Lee D S, Martin G S. Proxies and Databases in Financial Misconduct Research [J]. The Accounting Review, 2017, 92 (6): 129 – 163.

[88] Karpoff J M, Lott J R J. The Reputational Penalty Firms Bear from Committing Criminal Fraud [J]. The Journal of Law and Economics, 1993, 36 (2): 757 – 802.

[89] Karpoff J M. Reputation and the Invisible Hand: A Review of Empirical Research. University of Washington: Working paper, 2012.

[90] Kim J, Haleblian J, Finkelstein S. When Firms are Desperate to Grow via Acquisition: The Effect of Growth Patterns and Acquisition Experience on Acquisition Premiums [J]. Administrative Science Quarterly, 2011, 56 (1): 26 – 60.

[91] King D R, Dalton D R, Daily C M, Covin J G. Meta-Analyses of Post-Acquisition Performance: Indications of Unidentified Moderators [J]. Strategic Management Journal, 2004, 25 (2): 187 – 200.

[92] King D R, Slotegraaf R J, Kesner I. Performance Implications of Firm Resource Interactions in the Acquisition of R&D – Intensive Firms [J]. Organization Science, 2008, 19 (2): 327 – 340.

[93] Klein B, Leffler K B. The Role of Market Forces in Assuring Contractual Performance [J]. The Journal of Political Economy, 1981, 89 (4): 615 – 641.

[94] Koehn D, Ueng J. Is Philanthropy Being Used by Corporate Wrongdoers to Buy Good Will [J]. Journal of Management and Governance, 2010, 14 (1): 1 – 16.

[95] Kravet T, Shevlin T. Accounting Restatements and Information Risk [J]. Review of Accounting Studies, 2010, 15 (2): 264 – 294.

[96] Lange D, Lee P M, Dai Y. Organizational Reputation: A Review

违
规
处
罚

对企业并购的影响研究

[J]. Journal of Management, 2011, 37 (1): 153 – 184.

[97] Liao R C. What Drives Corporate Minority Acquisitions around the World? The Case for Financial Constraints [J]. Journal of Corporate Finance, 2014 (26): 78 – 95.

[98] Liebman B L, Milhaupt C J. Reputational Sanctions in China's Securities Market [J]. Columbia Law Review. 2008, 108 (4): 929 – 983.

[99] Madura J, Ngo T. How Accounting Fraud has Changed Merger Valuation [J]. Applied Financial Economics, 2010, 20 (10 – 12): 923 – 940.

[100] Maksimovic V, Phillips G, Yang L. Private and Public Merger Waves [J]. Journal of Finance, 2013, 68 (5): 2177 – 2217.

[101] Malmendier U, Tate G. Who Makes Acquisitions? CEO Overconfidence and The Market's Reaction [J]. Journal of Financial Economics, 2008, 89 (1): 20 – 43.

[102] Marciukaityte D, Szewczyk S H, Uzun H, Varma R. Governance and Performance Changes after Accusations of Corporate Fraud [J]. Financial Analysts Journal, 2006, 62 (3): 32 – 41.

[103] Meyer K E, Estrin S, Bhaumik S K, Peng M W. Institutions, Resources, and Entry Strategies in Emerging Economies [J]. Strategic Management Journal, 2009, 30 (1): 61 – 80.

[104] Miller G S. The Press as a Watchdog for Accounting Fraud [J]. Journal of Accounting Research, 2006, 44 (5): 1001 – 1033.

[105] Mitchell R K, Agle B R, Wood D J. Toward a Theory of Stakeholder Identification and Salience: Defining the Principle of Who and What Really Counts [J]. Academy of Management Review, 1997 (22): 853 – 886.

[106] Muehlfeld K, Sahib P R, van Witteloostuijn A. Completion or Abandonment of Mergers and Acquisitions: Evidence from the Newspaper Industry, 1981 – 2000 [J]. Journal of Media Economics, 2007, 20 (2): 107 – 137.

[107] Murphy D L, Shrieves R E, Tibbs S L. Understanding the Penalties Associated with Corporate Misconduct: An Empirical Examination of Earnings

参考文献

199

and Risk [J]. Journal of Financial and Quantitative Analysis. 2009, 44 (1):
55 – 83.

[108] Myers S C, Majluf N S. Corporate Financing and Investment Deci-
sions When Firms Have Information that Investors Do Not Have [J]. Journal of
Financial Economics, 1984, 13 (2): 187 – 221.

[109] Newberry K, Parthasarathy K. The Impact of Financial Restatement
on Debt Markets. Working paper, April 2007.

[110] Orlitzky M, Benjamin J D. Corporate Social Performance and Firm
Risk: A Meta-Analytic Review [J]. Business and Society, 2001, 40 (4):
369 – 396.

[111] O'Sullivan M. Contests for Corporate Control: Corporate Governance
and Economic Performance in the United States and Germany. Oxford: Oxford
University Press, 2000.

[112] Pearson C M, Mitroff I I. From Crisis Prone to Crisis Prepared: A
Framework for Crisis Management [J]. The Academy of Management Executive,
1993, 7 (1): 48 – 59.

[113] Petkova A P, Wadhwa A, Yao X, Jain S. Reputation and Decision
Making under Ambiguity: A Study of U. S. Venture Capital Firms' Investments in
the Clean Energy Sector [J]. Academy of Management Journal, 2014, 57
(2): 422 – 448.

[114] Pfarrer M D, Decelles K A, Smith K G, Taylor M S. After the Fall:
Reintegrating the Corrupt Organization [J]. Academy of Management Review,
2008, 33 (3): 730 – 749.

[115] Pfarrer M D, Pollock T G, Rindova V P. A Tale of Two Assets:
The Effects of Firm Reputation and Celebrity on Earnings Surprises and Investors'
Reactions [J]. Academy of Management Journal, 2010, 53 (5): 1131 – 1152.

[116] Phillips G M, Zhdanov A. R&D and the Incentives from Merger and
Acquisition Activity [J]. The Review of Financial Studies, 2013, 26 (1): 34 –
78.

违
规
处
罚

对企业并购的影响研究

[117] Puranam P, Srikanth K. What They Know vs. What They Do: How Acquirers Leverage Technology Acquisitions [J]. Strategic Management Journal, 2007, 28 (8): 805 – 825.

[118] Rabier M. Acquisition Motives and the Distribution of Acquisition Performance [J]. Strategic Management Journal, 2017, 38 (13): 2666 – 2681.

[119] Rao H. Caveat Emptor: The Construction of Non – Profit Consumer Watchdog Organizations [J]. American Journal of Sociology, 1998, 103 (4): 912 – 961.

[120] Rindova V P, Williamson I O, Petkova A P, Sever J M. Being Good or Being Known: An Empirical Examination of The Dimensions, Antecedents, and Consequences of Organizational Reputation [J]. Academy of Management Journal, 2005, 48 (6): 1033 – 1049.

[121] Roll R. The Hubris Hypothesis of Corporate Takeover [J]. Journal of Business, 1986, 59 (2): 197 – 216.

[122] Salter M S, Weinhold W A. Diversification via Acquisition: Creating Value [J]. Harvard Business Review, 1978, 56 (4): 166 – 176.

[123] Savor P G, Lu Q. Do Stock Mergers Create Value For Acquirers? [J]. Journal of Finance, 2009, 64 (3): 1061 – 1097.

[124] Saxton T, Dollinger M. Target Reputation and Appropriability: Picking and Deploying Resources in Acquisitions [J]. Journal of Management, 2004, 30 (1): 123 – 147.

[125] Saxton T. The Effects of Partner and Relationship Characteristics on Alliance Outcomes [J]. Academy of Management Journal, 1997, 40 (2): 443 – 461.

[126] Schwert G W. Markup Pricing in Mergers and Acquisitions [J]. Journal of Financial Economics, 1996, 41 (2): 153 – 192.

[127] Shapiro C. Premiums for High Quality Products as Returns to Reputations [J]. Quarterly Journal of Economics, 1983, 98 (4): 659 – 679.

参考文献

[128] Sheen A. The Real Product Market Impact of Mergers [J]. Journal of Finance, 2014, 69 (6): 2651 – 2688.

[129] Shi W, Zhang Y, Hoskisson R E. Ripple Effects of CEO Awards: Investigating the Acquisition Activities of Superstar CEOs' Competitors [J]. Strategic Management Journal, 2017, 38 (10): 2080 – 2102.

[130] Shleifer A, Vishny R W. Politicians and Firms [J]. Quarterly Journal of Economics, 1994, 109 (4): 995 – 1025.

[131] Shleifer A, Vishny R W. Stock Market Driven Acquisition [J]. Journal of Financial Economics, 2003, 70 (3): 295 – 311.

[132] Shu H, Wong S M. When a Sinner Does a Good Deed: The Path – Dependence of Reputation Repair [J]. Journal of Management Studies, 2018, 55 (5): 770 – 808.

[133] Singer A W. Your Good Name: After You've Lost It. The Conference Board Review, 2004, 41 (6): 33 – 38.

[134] Singh H, Montgomery C A. Corporate Acquisition Strategies and Economic Performance [J]. Strategic Management Journal, 1987, 8 (4): 377 – 386.

[135] Taylor S E. Asymmetrical Effects of Positive and Negative Events: The Mobilization – Minimization Hypothesis [J]. Psychological Bulletin, 1991, 110 (1): 67 – 85.

[136] Titman S, Wei K C J, Xie F X. Capital Investments and Stock Returns [J]. Journal of Financial and Quantitative Analysis, 2004, 39 (4): 677 – 700.

[137] Vaara E, Monin P. A Recursive Perspective on Discursive Legitimation and Organizational Action in Mergers and Acquisitions [J]. Organization Science, 2010, 21 (1): 3 – 22.

[138] Vaara E, Tienari J. Justification, Legitimization and Naturalization of Mergers and Acquisitions: A Critical Discourse Analysis of Media Texts [J]. Organization, 2002, 9 (2): 275 – 304.

[139] Wan W P, Yiu D W. From Crisis to Opportunity: Environmental Jolt, Corporate Acquisitions, and Firm Performance [J]. Strategic Management Journal, 2009, 30 (7): 791 –801.

[140] Wernerfelt B. A Resource-Based View of the Firm [J]. Strategic Management Journal, 1984, 5 (2): 171 –180.

[141] Williamson O E. The Vertical Integration of Production: Market Failure Considerations [J]. American Economic Review, 1971, 61 (2): 112 – 123.

[142] Wilson W M. An Empirical Analysis of the Decline in the Information Content of Earnings Following Restatements [J]. The Accounting Review, 2008, 83 (2): 519 –548.

[143] Xia X, Teng F, Gu X L. Reputation Repair and Corporate Donations: an Investigation Of Responses To Regulatory Penalties [J]. China Journal of Accounting Research, 2019, 12 (3): 293 –313.

[144] Yuan Q, Zhang Y. The Real Effects of Corporate Fraud: Evidence from Class Action Lawsuits [J]. Accounting and Finance, 2016, 56 (3): 879 –911.

[145] Zavyalova A, Pfarrer M D, Reger R K, Hubbard T D. Reputation A 253 – 276 s a Benefit and a Burden? How Stakeholders' Organizational Identification Affects the Role of Reputation following a Negative Event [J]. Academy of Management Journal, 2016, 59 (1): 253 –276.

[146] Zavyalova A, Pfarrer M D, Reger R K, Shapiro D L. Managing the Message: the Effects of Firm Actions and Industry Spillovers on Media Coverage Following Wrongdoing [J]. Academy of Management Journal, 55 (5): 1079 – 1101.

[147] Zhang M, Gong G M, Xu S, Gong X. Corporate Fraud and Corporate Bond Costs: Evidence from China [J]. Emerging Markets Finance & Trade, 2018, 54 (5): 1011 –1046.

参
考
文
献

图书在版编目（CIP）数据

违规处罚对企业并购的影响研究/邓秀媛著. —北京：
经济科学出版社，2022.5
ISBN 978 - 7 - 5218 - 3695 - 0

Ⅰ.①违… Ⅱ.①邓… Ⅲ.①违法 - 处罚 - 影响 - 企
业兼并 - 研究 Ⅳ.①F271.4

中国版本图书馆 CIP 数据核字（2022）第 096600 号

责任编辑：初少磊 杨 梅
责任校对：王苗苗
责任印制：范 艳

违规处罚对企业并购的影响研究

邓秀媛 著

经济科学出版社出版、发行 新华书店经销
社址：北京市海淀区阜成路甲 28 号 邮编：100142
总编部电话：010 - 88191217 发行部电话：010 - 88191522
网址：www. esp. com. cn
电子邮箱：esp@ esp. com. cn
天猫网店：经济科学出版社旗舰店
网址：http：//jjkxcbs. tmall. com
北京季蜂印刷有限公司印装
710 × 1000 16 开 13.25 印张 200000 字
2022 年 9 月第 1 版 2022 年 9 月第 1 次印刷
ISBN 978 - 7 - 5218 - 3695 - 0 定价：60.00 元
（图书出现印装问题，本社负责调换。电话：010 - 88191510）
（版权所有 侵权必究 打击盗版 举报热线：010 - 88191661
QQ：2242791300 营销中心电话：010 - 88191537
电子邮箱：dbts@ esp. com. cn）